辽宁省教育厅人文社会科学研究项目（项目编号：20－A834）

循环经济视角下大型煤业集团煤炭绿色供应链系统构建与优化研究

李　丹　宋春子　著

中国财经出版传媒集团
中国财政经济出版社

图书在版编目（CIP）数据

循环经济视角下大型煤业集团煤炭绿色供应链系统构建与优化研究 / 李丹，宋春子著. -- 北京：中国财政经济出版社，2021.9

ISBN 978-7-5223-0709-1

Ⅰ.①循… Ⅱ.①李… ②宋… Ⅲ.①煤炭企业-供应链管理-研究-中国 Ⅳ.①F426.21

中国版本图书馆 CIP 数据核字（2021）第 168919 号

责任编辑：彭　波　　　　责任印制：史大鹏

封面设计：卜建辰　　　　责任校对：徐艳丽

循环经济视角下大型煤业集团煤炭绿色供应链系统构建与优化研究

XUNHUAN JINGJI SHIJIAOXIA DAXING MEIYE JITUAN MEITAN LUSE GONGYINGLIAN XITONG GOUJIAN YU YOUHUA YANJIU

中国财政经济出版社 出版

URL：http：//www.cfeph.cn

E-mail：cfeph@cfeph.cn

社址：北京市海淀区阜成路甲 28 号　邮政编码：100142

营销中心电话：010-88191522

天猫网店：中国财政经济出版社旗舰店

网址：https：//zgczjjcbs.tmall.com

北京财经印刷厂印刷　各地新华书店经销

成品尺寸：170mm×240mm　16 开　12 印张　200 000 字

2021 年 9 月第 1 版　2021 年 9 月北京第 1 次印刷

定价：68.00 元

ISBN 978-7-5223-0709-1

（图书出现印装问题，本社负责调换，电话：010-88190548）

本社质量投诉电话：010-88190744

打击盗版举报热线：010-88191661　QQ：2242791300

前　言

“十四五”规划提出，加快发展方式绿色转型，全面提高资源利用效率，构建多层次资源高循环利用体系，全面推行循环经济理念。深入推进园区循环化改造，补齐和延伸产业链，推进能源资源梯级利用、废物循环利用和污染物集中处置。加强大宗固体废弃物综合利用，规范发展再制造产业。

煤炭被人们誉为黑色的金子，工业的食粮，它是18世纪以来人类世界使用的主要能源之一，进入21世纪以来，虽然煤炭的价值大不如从前，但毕竟目前和未来很长的一段时间之内煤炭还是我们人类的生产生活必不可缺的能量来源之一。据国家统计局统计，2020年全年规模以上工业中，原煤产量39亿吨，比上年增长1.4%。初步核算，全年能源消费总量49.8亿吨标准煤，比上年增长2.2%，其中煤炭消费量增长0.6%，煤炭消费量占能源消费总量的56.8%，煤炭消费量仍占有半壁江山。煤炭供应链是连接煤炭生产与消费的重要桥梁，但现存煤炭供应链系统的各个环节不仅对环境和生态产生了恶劣影响，而且也造成了资源的严重浪费。因此，在循环经济背景下，本书以煤炭供应链的绿色化为目标，研究煤炭绿色供应链系统的构建与优化，为煤炭企业实施绿色供应链管理提供理论依据和决策参考，使经济资源环境协调有序发展。考虑到煤炭企业类型众多和规模不同，运行模式也各有差异，不能考虑到所有煤炭企业的所有情况，所以本书站在大型煤业集团的角度考虑煤炭绿色供应链系统的构建与优化。

本书主要包括以下七章内容：

第1章，绪论。介绍了本书的选题背景、研究意义，归纳总结了国内外学者对循环经济、绿色供应链的研究现状，阐明了主要研究内容、研究框架和创新预期，介绍了研究方法及技术路线。

第2章，大型煤业集团煤炭绿色供应链理论研究。首先，分析了煤炭在我国的重要地位以及现行煤炭供应链的特点及其对生态环境的影响和对资源的浪费，分析产生这种现象的原因，进而引入绿色供应链的理念；其次，界定煤炭绿色供应链概念，并提出绿色供应链的理论背景。在此基础上，阐明了构建煤炭绿色供应链系统的必要性，为后文研究提供支撑条件。

第3章，大型煤业集团煤炭绿色供应链影响因素测度分析。本书将影响煤炭绿色供应链的因素划分内外部两大类，分析内外部影响因素在构建煤炭绿色供应链中的角色和作用机理。通过煤炭行业专家访谈、煤炭企业实地调研和网上发放调查问卷的形式获取大型煤炭企业的数据，通过SPSS 24.0及AMOS 25.0统计软件对数据进行分析，利用结构方程模型（SEM），对煤炭绿色供应链影响因素进行实证分析，证明各种影响因素对煤炭绿色供应链的影响程度，从而探索出了影响煤炭企业实施煤炭绿色供应链的重要因素。

第4章，基于复杂适应系统（CAS）的大型煤业集团C-GSC系统构建。分析复杂适应系统特征，提出煤炭绿色供应链系统的总体设计原则，基于复杂适应系统的视角，分析C-GSC系统的运行模式，进而构建一个包括七个子系统在内的煤炭绿色供应链系统概念模型。从煤炭绿色设计、原材料绿色采购、绿色开采洗选加工、绿色营销、绿色消费和废弃物绿色回收环节；从资金流、信息流、物流和知识流等方面对系统结构和特征进行描述，并阐明了系统的功能。

第5章，煤炭企业内部绿色供应链优化模型。本章通过分析煤炭企业内部绿色供应链优化的必要性，建立了满足煤炭企业利润最大化，又能保证客户需求，同时兼顾生态环境的煤炭企业内部绿色供应链多目标优化决策模型，对煤炭绿色供应链生产成本、客户需求满足情况和生态环境保护情况进行系统决策。研究结果对节约煤炭成本、满足客户需求和减少煤炭供应链环节对环境的影响程度有重要的理论和现实意义。

第6章，煤炭绿色供应链废弃物回收系统仿真优化。本章以第4章所构建的煤炭绿色供应链系统运行模式为基础，运用SD中的因果关系图和系统流图，构建煤炭绿色供应链废弃物回收系统仿真优化模型，对供应链链条中的废弃物回收系统的综合利用效果进行优化。分别对灰色供应链、浅绿色供应链和绿色供应链模式下废弃物的利用方案的主要控制参量进行调整，对三种供应链模式下的废弃物回收情况和资源的循环利用情况进行仿真分析，得出煤炭绿色供应链废弃物综合利用的效果最好，实现环境效益和经济效益和社会效益协调优化，为煤炭企业实施绿色供应链提供理论方法和实践参考。

第7章，结论与展望。对本书的研究成果进行归纳总结，得出创新点，同时分析了研究不足，为后续研究提出展望。

在本书写作过程中，我的导师辽宁工程技术大学路世昌教授在选题方向、确定内容直至定稿的过程中倾注了大量的汗水和心血。在此表示诚挚的感谢。感谢纪成君教授、李乃文教授等对本书提出的宝贵意见，感谢韩家彬教授对本书撰写的支持，感谢东北大学的赵球老师在搜集资料方面给予的支持和帮助，感谢山西潞安矿业集团、开滦集团、陕西煤化工集团、京煤集团、神华宁夏煤业集团、国电燃料集团下属矿业公司等单位的领导和朋友为书籍提供基础研究资料。没有你们的支持与鼓励，本书也不能如期完成。在书籍完成的过程中，参考了许多学者的观点、论著，在此一并表示感谢。感谢我的家人和朋友，是他们在创作最艰难时给予了默默的支持，在他们的鼓励和支持下一路向前，顺利完成著作。

笔者在写作过程中，理论与实践相结合，力求严谨，能力有限，书中仍难免有不妥之处，恳请各界读者批评指正。

在建党100周年之际，谨以此书献给培养我的伟大祖国，祝祖国繁荣昌盛，早日完成美丽中国建设。

李丹

2021年6月于耘慧楼207

目　　录

循环经济视角下大型煤业集团煤炭绿色供应链系统构建与优化研究
Chapter 1

1　绪论

1.1 问题提出

煤炭是国民经济的一种主要能源，煤炭供应链是连接煤炭生产与消费的重要桥梁，但现存煤炭供应链系统的各个环节不仅对环境和生态产生了恶劣影响，而且也造成了资源的严重浪费。党的十九大和《煤业发展“十三五”规划》也从资源、生态和环境角度提出了煤炭行业的发展目标。因此，在循环经济的背景下，本书以煤炭供应链的绿色化为目标，研究煤炭绿色供应链系统的构建与优化，为煤炭企业实施绿色供应链管理提供理论依据和决策参考，使经济资源环境协调有序发展。考虑到煤炭企业类型众多和规模不同，运行模式也各有差异，因此不能考虑到所有煤炭企业的所有情况，本书站在大型煤业集团的角度考虑煤炭绿色供应链系统的构建与优化。

在实施煤炭绿色供应链方面，有以下几个方面的问题尚待解决：

（1）绿色思想在煤炭企业里没有完全树立起来，使煤炭企业在供应链管理方面缺乏绿色视角。

（2）对煤炭供应链狭隘理解，而忽略了煤炭废弃物回收链条。

（3）企业主要关注的是煤炭开采和利用方面，如何提高资源利用率，而很少从循环经济和可持续发展的角度考虑到废弃物的再循环利用。

（4）缺乏系统的视角，对绿色供应链进行全面分析和优化。

因此，基于循环经济、可持续发展等理论，以复杂适应系统理论为手段，针对现行煤炭供应链系统对生态环境的影响，本书对煤炭绿色供应链概念进行界定，分析煤炭绿色供应链的影响因素及其作用，研究煤炭绿色供应链系统构建，并对所构建系统进行优化。

1.2 研究意义

无论在国内还是在国外，绿色供应链理论研究还不成熟，有待完善，而对煤炭绿色供应链的研究更是少之又少，且缺乏实证检验。本书从系统的角度出发，结合煤炭绿色供应链的运行模式，研究煤炭绿色供应链构建的理论和方法对我国煤炭企业实施煤炭绿色供应链具有重要的理论和现实意义。

（1）把“绿色思想”应用到煤炭供应链的建设中，从循环经济和可持续发展的角度，对煤炭绿色供应链进行概念界定。从理论上研究煤炭绿色供应链与资源、生态环境协调发展的问题，有利于“生态文明型”社会建设目标的实现，不仅在研究视角方面有创新，同时为绿色供应链管理理论填补了空白。煤炭企业在供应链的管理中，可以按照绿色供应链的构建思想去控制煤炭供应链环节的资源浪费和对生态环境的负面影响，煤炭行业组织也可参照煤炭绿色供应链的要求去制定相关行业标准，并对企业的实施情况进行监督。因此煤炭绿色供应链的研究不仅有理论意义也有现实意义。

（2）煤炭绿色供应链影响因素测定。通过分析实施煤炭绿色供应链影响因素，从理论和实践上研究构建煤炭绿色供应链的制约和激励因素，构建煤炭绿色供应链影响因素概念模型，并通过结构方程对影响因素进行测度。从政府、煤炭企业和社会公众三个方面探索煤炭绿色供应链系统运行的机制与管理方法，从而有效减少煤炭供应链上对环境和生态的影响，对推动我国大型煤炭企业实施煤炭绿色供应链具有重要的指导意义。

（3）构建煤炭绿色供应链系统。从系统的角度分析煤炭绿色供应链系统的构建，从理论上为煤炭企业实施绿色供应链提供了新视角。

（4）煤炭绿色供应链系统优化。从实践上看，对煤炭绿色供应链理论与方法进行系统化研究，基于复杂适应系统理论构建了煤炭绿色供应链系统，提出煤炭绿色供应链系统的运作模式，探索出系统的优化方法，为大型煤炭企业集团的建设提供实践参考。通过对煤炭绿色供应链系统的建设和优化，使煤炭这种短期不可再生资源能够有效利用，同时兼顾了生态环境的健康发展。这符合党的十九大提出的环境目标和发展目标即加快生态文明体制改革，建设美丽中国。因此对我国煤炭企业的可持续发展有重要的实用价值和现实指导意义。

1.3 国内外研究现状

循环经济是一种人与自然和谐、技术范式变革的经济发展新模式。它遵循生态规律，以可持续发展为宗旨，以环境保护为前提，以科学技术为基础，以减量化、再利用、再循环为原则，以生态产业链为发展载体，采用清洁生产、零排放等多种途径来重构人类社会的各项活动，实现科学技术、经济发展生态化转向[1]。我国工业化起步较晚，在经济飞速发展的过程中，造成了严重的污染，为了兼顾经济、资源和环境的协调发展，我国一直在探索适合国情的循环经济发展之路。

绿色供应链作为一种理论，是近 20 年新兴的一门学科。由于研究的时间比较短，且这是一个多学科综合的研究领域，其研究强调实际操作，因此，在这个领域的研究成果不是很成熟。按照其发展时间及在发展过程中的延伸进行介绍，是本研究的逻辑思路。

1.3.1 循环经济

张姣玉等（2021）指出在环境污染和能源危机并存的情况下，循环经济成为解决经济发展和环境保护之间矛盾的有效手段。循环经济是一种以资源的高效利用和循环利用为核心，以减量化、再利用、资源化为原则，以低消耗、低排放、高效率为基本特征，符合可持续发展理念的经济增长模式[2]。张智光等（2021）根据可持续发展理论和超循环理论，分析了绿色经济模式的演进机理并运用系统动力学模型构建了动态严禁模型，指出绿色经济从资源链一级超循环到生态链二级超循环，再到价值链三级超循环的三链（3C）逐级拓展的过程。其中，资源链是基础，生态链是支撑，价值链是动力，3C 超循环相互促进、相互催化，从而实现生态与产业的互利共生[3]。在新发展格局下，我国可从“城市矿山”资源化利用、园区循环化改造、循环经济大数据中心建设三个方面着手，促进经济发展方式向绿色低碳循环发展经济体系转型升级[4]。杨占红等（2020）界定了资源循环利用产业，提出基于产业链视角产业发展路径：“逆向”产业链要完善回收体系，产业链中游要升级产业驱动力，产业链下游推广使用循环利用产品，产业内涵延伸要覆盖新品种废弃物和低值废弃物，提升资源循环利用服务业是产业发展重要抓手[5]。

1.3.2 绿色供应链概念提出

绿色供应链研究源于 1995 年之后，当时，工业技术相对成熟，经济稳步发展，因而经济发展与环境污染的矛盾日益突出，所以企业界对此有了新认识：一是工业污染在浪费资源的同时，也会对环境造成破坏；二是如果企业在生产中会造成环境严重污染，那么将会使企业的自身形象受到严重损害，更严重地会影响企业的长远发展；三是单个企业供应链的竞争时代已经过去，而企业之间相互合作和发展并在企业间实施环境管理已成为现代企业生产力竞争的重中之重。因此，绿色供应链引起了国外的一些学术机构和学者的兴趣并开始进行了相关的研究。目前，其概念和内涵还处在发展和完善阶段，对绿色供应链的定义还没有达成一致。

绿色供应链（Green Supply Chain）的中心思想是在供应链管理中加入环境保护，这种思想起源于美国。1994 年，Webb 通过研究产品在从原材料采购到加工过程中对环境的影响，提出了在选择最佳的原材料时要以环境为准则的建议，强调再循环利用，并对绿色采购的概念进行了界定[6]。但是，Webb仅仅从供应链前段考虑企业对环境造成的影响，却忽略了产品在运输、销售、废弃物等供应链环节对环境的破坏。1995年，BIE和CIPS协会找出了企业供应链中与环境相容的重点因素。绿色制造的概念由美国SME于1996年首次提出，其认为企业的产品设计与制造加工过程和环境问题的交会部分才是绿色制造[7]。同年，美国国家科学基金（NSF）首次提出了绿色供应链的概念，并将绿色供应链的研究意义提到一个新的高度[8]。Sidespin Hendricks（1998）通过对100多家制造性企业开展相关调研，结合前人的研究资料，总结出绿色采购过程中的关键因素[9]。Berman（1999）首次将环保因素引入供应链模型的设计之中，并且界定了绿色供应链定义。通过与企业内各部门的沟通以及上、下游企业的合作，把环境问题融入采购、设计生产、销售、回收整个过程中，令环境绩效成为企业经济的新增长点，认为使企业整体效益最大化，进而实现企业在供应链管理的全过程中的可持续发展就是绿色供应链[10]。与此同时，Nichols和Handfield也给出了绿色供应链的相对完整概念，他们指出整个供应链上的所有企业，在商品流动的过程中都会与链上其他成员有物质或者是价值的交换。

在此理论的基础上，刘飞等（2000）则认为作为现代管理模式的绿色供应链，在这个模式中兼顾环境保护和资源利用率，涉及供应链条上的所有成员，包括原材料供应商和消费者，目的是在产品的生命周期中使环境只遭到最低的破坏，而使资源得到最大化的利用[11]。杨光勇、计国君等（2011）将绿色供应链重新定义为经济绩效、社会绩效与环境绩效三者协调一致的可持续发展的供应链，而他们这么做的基础是三重底线原则。他们将供应链分为社会底线供应链和环境底线供应链两类，前者的宗旨是关注消费者的健康权益，而后者则是以关注环境的生态收益为服务宗旨[12]。

综上所述，绿色供应链的研究起步较晚，对绿色供应链的界定没有统一的观点，但是大多数学者都考虑到绿色供应链与环境的关系。

1.3.3 绿色供应链的影响因素与环节研究现状

纵观前人研究理论，Handfield Robert、Waltton Steve 等（1997）开始将对供应链的研究延伸至环境管理中，同时提出了将对环境的保护融入供应链管理中去的思想，他们认为对供应链的研究应涵盖从产品设计到消费乃至报废的整个流程[13]。Joseph Sakes（1998）通过运用反馈系统和网络分析法（ANP）将全面质量环境管理（TQEM）、环境化设计（FE）、绿色供应链管理（GSCM）、生命周期分析（LCA）和 ISO 14000 系列标准 ECBP 加入战略评估和决策之中，还指出企业内部物流和采购、物料管理、外部物流、包装和逆向物流是绿色供应链的主要组成部分[14]。Romko I. Van Hock（1999）为了解决企业给环境带来的严重破坏问题，提出不应该只是把逆向供应链作为研究重点，而要把整个供应链都纳入研究，在此前提之下，他初步提出实行绿色供应链的步骤：第一，企业在制订绿色计划时，要综合考虑国家关于环境的法律法规，应该以此为纲，使企业由以前被动实施向主动实施转变，由法规改变其价值观念，把绿色环保从负担向潜在资源转变；第二，其范围涵盖必须循序渐进，从最小范围扩大到产品的整个生命周期，但凡是绿色供应链上的参与者都必须在实施过程中承担重要责任；第三，两年后他又以汽车公司作为研究对象，研究企业实施绿色供应链的前提下，会对其供应链产生怎样的影响，通过分析这些影响找到在供应链绿色化活动中起主导性的要素，如生产设计、物料采购、营销策略等[15]。Ferretti（2007）在分析大量行业的基础上，得到这样的结论：如果一个企业是供应链中所有供应商的领导者，而这个企业恰恰实施了绿色供应链，那么则有利于整个链条上绿色策略实施[16]。Smith（2005）指出，世界各国政府都在不断加强环境保护，通过各种手段限制制造业发展空间，如增加绿色关税，提高市场准入门槛，提高绿色环境标准、绿色包装规定以及 ISO 14000 环境管理制度等要求[17]。Douglasc（2008）指出在全球化进程不断加快的今天，发达国家出于环境保护和保护民族工业的双重目的，在国际贸易中往往对绿色壁垒设置较高，虽然在某种程度上不利于欠发达国家制造业的崛起，这也逼迫这些国家积极向绿色供应链转化[18]。同年，Mohammad Asif Salam 分析了绿色原材料采购的关键性，指出原材料要以低污染、低危害、低成本、低破坏环境等作为采购主要参考指标，并且从以下几个方面进行分析，包括原材料再生产过程中的利用情况、原材料的成本、企业在环保中的责任心和与上下游企业间的关系等[19]。Rakesh K. Mudgal 和 Ravi Shankar（2010）通过深入的分析发现，在企业实施绿色供应链的过程中，必然会有资金上的投入，会对企业的利润产生影响，故他们实施绿色供应链的积极性不高。为了找出阻碍企业实施绿色供应链的影响因素，他们做了大量细致的研究工作[20]。

为了强调供应链运作过程中对环境的影响，很多学者将环保问题纳入供应链各个节点的管理当中，蒋洪伟和韩文秀（2000）将绿色供应链管理称为环境意识供应链管理[21]。汪应洛、王淑旺（2003、2004）分别构建出了绿色供应链系统的结构模型和绿色供应链模型[22]。王淑旺、王能民（2005）从整个社会的角度等给出了绿色供应链较为完整的定义，其目标是实现资源的最优化配置、增加社会总体效益以及与环境和谐相处，不损害子孙后代的利益，其过程是从原材料的产生到生产再到消费直至报废的全过程；是以整个环境、文化、规则以及供应链各环节当中的供应商和制造商，产品的销售商和零售商，最终消费者为组成要素的系统，是资金流、物流、知识流、信息流的集成[23]。朱庆华（2008）提出适用于中国制造业企业的绿色供应链管理动力/压力影响模型，通过细致的调查发现了影响我国企业实施绿色供应链的关键因子并对之进行了分析研究[24]。在 2009

年他运用绿色供应链管理的动力转化概念模型，对相关统计数据进行研究后，在得出压力对于绿色供应链和资源调节的不同影响的基础上，又提出了三种针对不同动力转化的绿色供应链管理框架模型[25]。此后，温孝卿、曹海英等（2011）指出，由于我国企业普遍存在自觉性较低的现状，政府须以进行宣传教育等类似手段来达到提高公民法律意识的目的；以颁布相应法规、政策鼓励并引导企业进行供应链的绿色管理，使坚持环保行为的各企业产品拥有更高的市场竞争力；着重发展绿色产业，推动科技进步，大力开展以防治环境和生态污染、破坏为应用领域的技术研究，为可持续发展提供强大的技术保障[26]。张璇等（2017）基于三重底线（TBL）、利益相关者理论，重构了绿色供应链管理实践影响因素的研究框架，将影响绿色供应链管理实践的因素划分为社会系统、生产系统、消费系统、环境系统[27]。

国内外学者对煤炭绿色供应链的影响因素的研究主要停留在理论角度，很少有学者会着眼于研究各不同关键因素对绿色供应链的不同影响效果。对绿色供应链各环节的研究中，学者们在研究环境保护和资源的优化配置问题时，仅仅考虑供应链的一部分或是一个节点，然而，链条上的所有环节都会对环境产生影响，研究供应链与环境的关系时要着眼于整条供应链，切忌“盲人摸象”。

1.3.4 绿色供应链管理研究现状

（1）绿色供应链管理内涵研究。

近年来，国外学者的研究成果主要集中于绿色供应链管理的设计、结构化和战略实施，以及供应链的环境评价和全面质量环境管理（TQEM）等几个方面。

一般对于供应链管理问题，基本应用在生产任务的制定、运输优化和销售决策等几个方面管理手段。不同于一般的供应链管理，绿色供应链在管理中还需要对一些其特有的除共性问题外的问题进行考虑。这些特殊问题主要包括新资源、产品及生产工艺的开发与设计，工艺与使用材料的选择和评估（以环境友好为原则），供应链内成员激励制度，逆向物流，供应链的运营与外部环境因素如外部规制、周围环境、社会文化、社会普遍价值观和道德伦理等因素。绿色供应链与传统供应链的主要区别总结如表 1.1 所示。

表 1.1　　供应链管理对比

	传统供应链管理	绿色供应链管理
产生原因	信息不对称、不确定性、“牛鞭”效应、快速市场变化等	环境的恶化与资源的短缺、环境意识提高以及环保法规的制定等
理论基础	资源的最优配置、系统论	效率理论、可持续发展理论、系统论、公平理论等
管理目标	降低不确定性，以实现利润最大化	满足消费需求，实现资源的最优配置以及与环境友好
主要活动	物流、信息流、资金流	物流、信息流、资金流、知识流
战略重点	提高供应链内各行为主体活动的反应速度及确定性	提高供应链内各行为主体活动对环境的友好程度
构成要素	制造商、供应商、销售商、零售商与顾客	供应商、制造商、销售商、零售商、顾客、规制、环境系统、文化、价值观等

（2）绿色供应链管理的内容。

Steven V. Walton（1998）认为把环境保护的因素集成到供应链管理的思想中就构成了绿色供应链，并且企业的环境战略不仅仅由企业自身制定，供应商也参与其中[28]。Benita M. Beamonl（1999）通过对灰色供应链和绿色供应链的细致分析，得出二者之间的不同点，为绿色供应链的发展做出了很大的贡献。他首先对物流的形成历史和发展情况进行分析，随后根据供应链的发展趋势提出了绿色环保的供应链概念，最后以此为基础，他创建了一个供应链管理模型，以环境意识管理为基本，并提出对应的绿色供应链绩效的评价方法[29]。

Guide, V. Daniel R. Jr 等（2000）在著作中也提到供应链管理，他指出如果能够使废弃物重新回到供应链的链条中，通过重复利用的方式在降低整个工业所产生的废弃物的同时达到使制造活动产生最大经济效益的目的[30]。Zsidisin 和 Siferd（2001）通过大量的研究表明：绿色供应链管理就是对企业供应链的方针政策和各种关系进行设定的过程[31]。Joseph Sarkis（2003）认为企业将环境因素融入绿色供应链管理的战略决策中，是为了在竞争中取得优势，将众多环境要素纳入考虑范围，并以此为基础构建绿色供应链的管理决策框架，这个框架涵盖了供应链的质量、产品生命周期和环保度等[32]。

Steven A. Melnyk 等（2003）以实证研究结果为基础，认为在绩效提升的效果上来说，一般取得环境管理体系认证的企业要明显优于未取得认证的企业[33]。Helen Walker（2008）通过研究大量的企业数据，来分析影响企业实施绿色供应链积极性的因素，最终得出结论：影响企业实施绿色供应链管理积极性的因素包括外部因素和内部因素，前者来自行业内的竞争对手、环境以及消费者，后者则是企业的制度、管理能力等[34]。Mohammad Asif Salam（2008）认为企业能够成功采纳绿色供应链，绿色采购在其中起到了十分关键的作用，并且在对具有 ISO 14001 认证的多家从事电子制造的企业进行实证调研的同时，他们主要分析了产品的采购价格、组织环境压力、产品性能、安全问题和商业伙伴等方面对企业采纳绿色供应链所起到的影响[35]。Sung - ting Tsai（2009）在就美国汽车行业对法规的应对策略进行探讨的基础上，提出如果要实施绿色供应链管理，必须通过三个层面来实施，从而提高企业绩效在环保方面的体现[36]。Joseph Sarkis（2003）在供应链研究方面的主要贡献是在为整体供应链设计战略时，将环境因素考虑进去。由于企业涉及环境因素的决策将会不只是作用于企业自身，同时上游供应商和下游客户也会受到影响，因此，对绿色供应链管理中各节点的环境影响关系进行整合才是供应链整合的实质内容[37]。M. H. Nagel（2000）认为环境意识供应链管理不应仅包括以上学者所提到的一些行为因素，环境意识供应链管理应该是一种长期的从顾客到直接供应商的被内部直接驱动者所激发的战略驱使的过程。环境意识供应链管理（环境意识是在供应链运作过程中的一种完全契合）首先包括从顾客到供应商的整个战略驱动过程，企业自身由于使命感或者是高层领导的要求，主动地构建绿色供应链，全力建设与环境和谐相处的企业，大力推进技术创新，在与上游企业和下游客户的交流中，积极推进环保意识的传播，从而也能实现供应链的长期战略关系[38]。

苑清敏、齐二石等（2002）根据绿色供应链的要求，对生态工业园区存在的问题进行分析，构建相应的生态工业园评价指标体系[39]。郑迎飞等（2002）从企业视角研究了绿色供应链企业之间的合作模式与合作机制，并建立了电子商务环境下绿色供应链管理绩效评价指标体系与模型[40]。朱庆华（2003）通过大量分析绿色供应链管理相关案例，对绿色供应链管理在理论上的发展做出比较突出的贡献，从用户的视角解释了绿色供应链的定义和管理技术，从企业角度说明了绿色供应链管理的发展趋势、发展方向及发展方法[41]。

近几年，绿色供应链的研究已逐渐成为热点。绿色供应链就是把“绿色理念”和“环境意识”融入供应链管理的整个过程[42]。其综合了制造理论和供应链管理技术，并且把绿色的概念融合进去，对供应链中的生产设计、物料采购、产品制造、包装仓储、运输销售、消费和回收等流程实施绿色化管理与控制，达到整个供应链对原材料、能源等利用率最大化，是实现企业和自然环境双赢的战略模式[43]。

朱庆华（2004）认为，在供应链管理与控制中突出环境影响因素就是绿色供应链，可以认为绿色供应链是以相关联企业间的合作和本企业的内部交流协调。提高企业的经济效益和环保效益，使企业在产品研发、原料选择、生产制造、销售流通及回收的各个环节达到效益最大化，最后实现本企业及上下游企业间的可持续发展[44]。王能民等（2005）指出绿色供应链是由原料供应企业、生产制造企业、销售企业、零售企业、消费者、社会文化、环境影响及政策法规等要素构成，集合了资金流、物流、信息流、知识流等内容，并以资源利用最大化、效益最大化、环境负面影响最小化为目标，以代内和代际间可持续发展战略为原则，集合从资源开发到产品消费过程中包括物质资料取得、生产加工、包装储存、流通销售、应用消耗、报废回收等一系列活动[45]。朱庆华（2009）通过对绿色供应链的影响因素统计分析，提出绿色供应链管理转换模型，识别外部环境对绿色供应链管理影响，提出绿色供应链三种不同动力转化框架模型[46]。张秀萍等（2009）研究对比国内外绿色供应链的异同，对绿色供应链的实际效用提供了大量证据[47]。周立华、李东旭（2009）在分析了循环经济与绿色供应链管理两者之间关系，对循环经济的绿色供应链管理模式进行了构建，并在此基础上，确定循环经济下的绿色供应链管理的实现方法和策略[48]。李庆涛（2010）对我国农产品的绿色供应链管理必要性进行了深度分析，对农产品的绿色供应链管理模式和相应的方法进行构建分析[49]。

（3）绿色供应链综合评价研究。

目前，一些国内外学者对绿色供应链管理问题的探索是从绩效评价角度进行的。Kasson 和 McLaughlin 经过一系列的实验显示，企业环保能力与企业盈利之间存在着密切的联系，企业的环保意识越强，则企业的获利能力越大[50]。McIntyre et al.（1998）调查表明绿色采购不仅能够提高公司商业绩效还可以提高环境绩效[51]。Melnyk et al.（2003）通过研究指出环境管理体系可以有效地促进组织绩效提升[52]。Yasutaka 和 Nobuhiko（2006）通过多目标效用理论从两个方面对企业供应链绩效进行评估，分别是从企业经营层面和环境层面进行研究，最终得出结论是提升企业的经济绩效和环境绩效不是不可能的[53]。Peng 和 Lin（2008）通过结构方程模型对制造企业进行分析研究，他指出政府的支持和企业自身资源都对绿色供应链的采纳水平具有较为积极的影响[54]。

赵丽娟（2003）开发了供应链绿色度评价指标体系，这个体系从四个方面制定了绿色度评价的主指标。这四个方面分别是物料消耗度、环境影响状况、社会环境评价、废弃物的再回收利用。赵丽娟对绿色度评价指标的研究做出了突出贡献，他在前人的研究基础上建立了指标体系，并且根据该体系对企业的评价，将企业划分为不同的种类[55]。张华伦等（2006）在对前述体系进行深入的研究后，认识到评价指标的出现能够引起绿色供应链管理绩效的全面提升，企业和个人用户的要求能够得到满足[56]。Hermann 等（2007）用新的评价方法对某地区一家制造企业进行绩效评价。他们创立 Compument 法对企业的环境绩效进行了研究分析，该方法主要是运用多目标分析（MCA）、生命周期分析（LCA）和环境绩效指标（EPIS）等经典方法进行综合分析[57]。Niemeiyer 等（2008）提出环境的评价指标必须具备科学性和可操作性，并根据机会网（causal network）的定义指出评价环境的重点是评价指标体系建立，同时构建了环境评价指标的概念框架[58]。

薛磊、董雅丽等（2008）为绿色供应链设计了比较详尽的绩效评价指标体系，运用 ANP（网络层次法）对绿色供应链管理进行评价[59]。周强、张勇等（2008）认为现在的多种评价方法都存在着普遍缺点，如在设置因素的权重时主观性太大且权重不好确定，传统的方法有 AHP、德尔菲法等，他们设计了突变级数法，并且运用这种方法对绿色供应链的绩效进行综合评价不会出现前面提到的问题[60]。柳键、叶影霞等（2008）采用 EDA 对绿色供应链绩效进行评价，并且运用实践方法通过具体事例证明 DEA 法应用的合理性[61]。

Jim. Morgan（2000）表示，供应链中的绩效评价应以过程和活动为基础，通过对竞争中关键因素的评价来支持持续的改进[62-63]。Helms 和 Joseph Sarkis（2005）总结了关于绩效评估的各种观点，而且基于这些文献以及相关案例，研发了一种新的综合的绩效评价方法[64]。

李晓龙、罗丽艳（2008）以关于环境的四大模块为重点开发了绿色供应链关于环境的绩效测量系统[65-66]。曹国志、秦颖（2006）根据层次分析法确定指标权重系数并且采用定性与定量相结合的方法，建立了模糊综合评价模型，这个模型是以企业绿色度为基础的[67]。柳键、陈梅、毕晓航等（2008）依据绿色供应链的概念和绩效基本特征，构建关键绩效指标（KPI）的评价指标体系，同时明确地界定评价体系中各评价指标。在此过程中运用多投入、多输出指标相对效率评价方法，并结合相关例子，证明了数据包络法在应用中的合理性和正确性[68-70]。毛涛（2021）认为通过积极营造氛围、建立长效激励机制、加强信息公开等工作，可以充分调动企业参与绿色供应链管理工作的积极性[71]。

虽然国内外有关绿色供应链管理的研究取得了一些成果，但相对于其发展程度来说，算是刚刚起步。由于基础比较薄弱，学者研究的焦点主要集中在介绍绿色供应链管理的发展过程和特点等方面。

1.3.5 煤炭供应链研究现状

当前，国内外研究服务业、制造业等行业的供应链已经取得了部分的成果，但是研究煤炭企业供应链的相对很少。

彭晨、岳东（2004）根据煤炭企业内部供应链的运作特征，分析节点间的相互作用关系和物质流动关系，绘制可视图，并运用工作流法建立煤炭内部供应链管理整个流程可视图[72]。姚伟坤、周梅华（2007）等提出煤炭企业内部供应链管理应该把前部的资源消耗波动、产品质量波动、生产数量波动、运输仓储波动进行均衡供给，实现供应链管理绩效性，使产品产出量稳定，以最优的价格和质量并在规定的时间内把产品交付给客户一方[73]。从功能特点方面分析，对供应链进行优化就是为了在企业生产能力的约束下，尽量满足客户数量、质量以及交货时间上的满意度。苏丽琴、于宝栋（2006）指出，如果要构建煤炭企业内部的供应链，第一，加强供应链的知识普及，在煤炭行业、政府部门内部营造供应链的氛围，分析企业现状，做好构建供应链的前期基础工作；第二，建立与煤炭相匹配的供应链管理组织结构平台、信用体系平台、绩效评价指标；第三，整合供应链相关平台，构建煤炭内部供应链[74]。刘满芝、周梅华等（2009）根据均衡供给导向的思想，对供应链系统内部过程各连接点物流和资金流开展定性和定量分析，构建供应链模型，并进行优化[75]。

吕涛、聂锐（2009）指出煤炭企业供应链的突出特点，有中间环节多、产地消费地距离远等。由于煤炭供应链的以上特征，煤炭企业供应链的结构和协调契约机制要比通常的供应链复杂，对煤炭企业供应链运行的正常状态和应急状态及其相互转化关系进行了研究，为了实现煤炭企业供应链系统的安全和高效运行，需要制订煤炭企业供应链协调机制，进而实现煤炭企业供应链的获利功能和保障功能进行了分析[76]。朱金艳、魏晓平等（2010）对大型煤炭供应链各时间阶段的原煤生产、洗煤加工、各节点的库存和商品煤销售等问题进行动态决策，目的是获取利润和达到客户满意度[77]。靳妮倩君（2020）在研究中发现供应链成员的减排成本分担可以显著提升减排水平和各自的利润。客户的环保偏好对最优减排量和供应链成员的利润都有正影响，且在成本分担契约下，影响更显著。有成本分担时的最优减排量对政府规制的敏感性也显著高于无成本分担时的减排量。政府规制的敏感性越高，煤炭企业越有意愿分担设备供应企业的减排成本[78]。

目前，国内学者对煤炭供应链的研究还处在原来的追求企业的经济利益阶段，要么就是对煤炭企业绿色度的评价，几乎没有系统的对煤炭绿色供应链进行研究。

1.3.6 绿色供应链优化研究

研究煤炭企业供应链主要有以下方面：供应链的运作过程、供应链的功能结构、供应链的优化设计以及供应链结构模型等，但是面对日益激烈的竞争市场，如何满足客户多元化的满意度、如何应对渐少的资源、如何提高社会对企业的满意度，在这几个方面的研究还比较少。从系统的角度，对煤炭的废弃物回收利用方面的优化研究也无人涉足。

彭晨（2003）引用其他行业供应链的先进思想研究煤炭企业供应链，对煤炭企业内部供应链现存的部分问题运用子过程进行分析，以模拟煤炭企业内部供应链的运作模型，根据 VB 法对供应链决策过程实现可视化仿真，从而发现煤炭企业内部的供应链存在的运输与经营方面的一些问题，使用 Petri 网对原材料供应及商品流动运作过程建模[79]。刘飞（2003）提出，如果对煤炭企业供应链实施战略管理，形成以产定销、以销定运的格局，也涵盖合作企业和合作形式的确定及资源市场的拓展。使各类资源达到最优配置，实现企业的经济效益最大[80]。陈建生、王立杰（2004）认为煤炭企业内部物流体制改革必须在煤炭企业内部供应链环境下进行，除此之外，企业要从自身组织形式演变的方面，以煤炭企业的原来设备采购、生产和销售的特征为基础，依据煤炭自身与供应商、客户等相关联企业间联系度，研究与相关企业建立供应链联盟的问题，达到强强联合的目的[81]。王金凤（2004）经过长时间的调查，深入分析了我国煤炭企业内部供应链管理存在的问题，针对这些问题提出了一些意见，可以依据煤炭企业内部供应链管理策略，并把其融入企业的经营策略中去，实现企业的“供、生、运、需”的四位一体联盟格局[82]。程曙、张浩、陆剑峰（2004）通过优化方法理论，对供应链的结构进行建模和仿真研究，研究出了具体的决策优化方法，并且对其中的目标函数、约束条件等问题做出研究[83]。高翔、林杰、张炜（2005）认为，供应链仿真强调的是上游及下游企业间共享信息和相互合作，并且根据不同的信息做出不同的决策。他们将供应链分为三部分，即供应商、制造商和销售商，除此之外运输商负责不同方面之间的联系，并对系统进行优化[84]。张洁（2005）提出运用“拉”供应链，以销量定产量，发挥企业的物流优点，构建“商品配送中心”，将优质煤与劣质煤在配送中心混合，并逐步提高选配能力，形成产品多样化，满足不同消费客户要求。实现生产销售中各重要环节合理高效运行，提高产品附加值[85]。李建祥等（2005）研究的钢铁工业三级供应链中的协调生产计划问题是由矿山、选矿厂和炼铁厂所构成的[86]。王艳梅（2007）认为煤炭产品生产到销售要经过多个节点，每个节点之间又有错综复杂的关系，信息不确定性会引起信息流动过程中的“牛鞭”效应，会给企业带来不必要的损失，所以必须在煤炭企业内部供应链对“生产、供给、销售各节点相互关系进行协调和控制”[87]。耿殿明等（2008）对煤炭企业供应链的风险系统识别和系统防范等问题进行了深入研究[88]。李丹等（2013）在构建煤炭供应链优化模型时，在模型中加入两层中间潜在变量后不能收敛或者预测精度大幅下降，针对煤炭行业供应链仿真模型潜在变量不足导致预测误差大等问题，提出一种应用结构方程建立煤炭企业绿色供应链管理系统的仿真模型，将环保意识和企业供应链管理系统相结合，增加了环境保护和资源优化等两层潜在中间变量，采用不同方程同时分析多个变量间的交叉相关性，使其更接近数据关系的模型路径分析结果[89]。

Ganapathy、Narayanan 和 Srinivasan（2003）用仿真的手段来解决复杂的供应链物流规划中的决策问题[90]。李丹等（2019）在构建大型煤炭企业供应链结构的基础上，分析了煤炭供应链不确定性的因素，进而建立了大型煤炭企业供应链系统的多目标优化模型[91]。

综上所述，国内外学者对绿色供应链优化方面主要从运行模式、战略管理、物流、模型构建等角度展开，几乎没有从废弃物的循环利用进行优化分析。

1.3.7 国内外研究现状评述

综合以上国内外学者对绿色供应链的研究可以看出，目前的研究还不够成熟，虽然在某些方面取得了一些效果，但仍存在以下几个方面的不足。

（1）大多数研究尚停留在理论研究，而缺少实践研究。

现有文献主要从绿色供应链的概念、内涵、流程、绩效评价以及供应链与环境的关系等方面进行理论研究。只有少数学者用量化的指标对绿色供应链进行分析。

（2）缺少对煤炭绿色供应链主要影响因素的测度研究。

对绿色供应链的影响因素研究主要侧重于理论角度，而对绿色供应链影响因素的作用和测度的研究缺乏实证研究。其主要还是停留在对影响因素的分析阶段，而没有对影响因素的程度进行科学合理的验证。

（3）缺少对绿色供应链系统的研究。

绿色供应链是一个复杂的系统，对绿色供应链应采用复杂适应系统理论进行研究，而现有供应链系统的构建主要还是以降低成本、提高企业经济效益为出发点，虽然有些学者将生态环境因素考虑到绿色供应链的环节中，但却没有从绿色供应链系统的每一个环节对环境的影响进行分析和研究。

（4）绿色供应链系统优化方面的研究不够充分。

目前的研究主要集中在企业成本与满足客户需求的优化上，而没有对企业成本、满足客户需求和生态环境保护多方利益优化的研究。对绿色供应链系统的优化研究也缺少对整个系统所有环节进行优化的实证研究。

1.4 研究内容与本书结构

本书以低碳经济为出发点，以循环经济为方向，以可持续发展为目标，以复杂适应系统理论为手段，针对现行煤炭供应链系统的弊端及其对环境的负面影响，对煤炭绿色供应链概念进行界定，分析煤炭绿色供应链的影响因素及其作用，研究煤炭绿色供应链系统构建，对煤炭企业内部绿色供应链系统和废弃物回收系统进行优化设计，对煤炭企业实施绿色供应链提供理论方法和决策参考。

本书主要包括以下七章内容：

第 1 章，绪论。介绍了本书的选题背景、研究意义，归纳总结了国内外学者对绿色供应链的研究现状，阐明了主要研究内容、研究框架和创新预期，介绍了研究方法及技术路线。

第 2 章，大型煤业集团煤炭绿色供应链理论研究。首先，本章分析了煤炭在我国经济发展的重要地位以及现行煤炭供应链的特点及其对生态环境的影响和对资源的浪费，分析产生这种现象的原因，进而引入绿色供应链的理念；其次，界定煤炭绿色供应链概念，并提出绿色供应链的理论背景。在此基础上，阐明了构建煤炭绿色供应链系统的必要性，为后面研究提供支撑条件。

第 3 章，大型煤业集团煤炭绿色供应链影响因素测度研究。本章将影响煤炭绿色供应链的因素划分内外部两大类，分析内外部影响因素在构建煤炭绿色供应链中的角色和作用机理。通过煤炭行业专家访谈、煤炭企业实地调研和网上发放调查问卷的形式获取大型煤炭企业的数据，通过 SPSS 24.0 及 AMOS 25.0 统计软件对数据进行分析，利用结构方程模型（SEM），对煤炭绿色供应链影响因素进行实证分析，证明各种影响因素对煤炭绿色供应链的影响程度，从而探索出影响煤炭企业实施煤炭绿色供应链的重要因素。

第4章，基于复杂适应系统（CAS）的大型煤业集团C－GSC系统构建。本章分析复杂适应系统特征，提出煤炭绿色供应链系统的总体设计原则，基于复杂适应系统的视角，分析C－GSC系统的运行模式，进而构建一个包括七个子系统在内的煤炭绿色供应链系统概念模型。从煤炭绿色设计、原材料绿色采购、绿色开采洗选加工、绿色营销、绿色消费和废弃物绿色回收环节；从资金流、信息流、物流和知识流等方面对系统结构和特征进行描述，并阐明了系统的功能。

第5章，煤炭企业内部绿色供应链优化模型。本章通过分析煤炭企业内部绿色供应链优化的必要性，建立了满足煤炭企业利润最大化，又能保证客户需求，同时兼顾生态环境的煤炭企业内部绿色供应链多目标优化决策模型，对煤炭绿色供应链生产成本、客户需求满足情况和生态环境保护情况进行系统决策。研究结果对节约煤炭成本、满足客户需求和减少煤炭供应链环节对环境的影响程度有重要的理论和现实意义。

第6章，煤炭绿色供应链废弃物回收系统仿真优化。本章以本书第4章所构建的煤炭绿色供应链系统运行模式为基础，运用SD中的因果关系图和系统流图，构建煤炭绿色供应链废弃物回收系统仿真优化模型，对供应链链条中的废弃物回收系统的综合利用效果进行优化。分别对灰色供应链、浅绿色供应链和绿色供应链模式下废弃物的利用方案的主要控制参量进行调整，对三种供应链模式下的废弃物回收情况和资源的循环利用情况进行仿真分析，得出煤炭绿色供应链废弃物综合利用的效果最好，实现环境效益、经济效益和社会效益协调优化，为煤炭企业实施绿色供应链提供理论方法和实践参考。

第7章，结论与展望。对本书的研究成果进行归纳总结，得出本书的创新点，同时分析了本书的研究不足，为后续研究提出展望。

1.5 创新预期

（1）本书界定了煤炭绿色供应链的概念，构建了包括7个子系统在内的煤炭绿色供应链系统。分析了煤炭绿色供应链的内涵，基于复杂适应系统理论，对煤炭绿色供应链系统的流程、功能和运作模式进行阐述，该系统有利于煤炭绿色供应链研究的标准化的形成，研究结果有助于丰富煤炭绿色供应链管理的内容。

（2）煤炭绿色供应链的内外部影响因素测度。实施煤炭绿色供应链所涉及的利益主体较多，影响因素复杂。从内外部分析实施煤炭绿色供应链的制约因素和激励因素，并运用结构方程模型对关键影响因素的作用与影响路径进行测度，对探索煤炭绿色供应链的实施有理论价值和实用意义。

（3）多目标优化模型构建。在综合考虑煤炭企业成本、客户需求和生态环境保护的基础上，构建了煤炭绿色供应链的多目标优化模型。通过对开滦集团 2 个矿区的实证分析，对煤炭绿色供应链生产、客户需求和环境保护情况等进行系统决策，并可以预测出企业的最大利润。研究结果对于节省煤炭生产成本，满足客户需求和减少对环境生态的影响程度有理论和现实意义。

（4）构建煤炭绿色供应链废弃物回收系统仿真优化模型。以废弃物综合利用的主要指标作为控制变量，通过改变不同利用方案的参数，对供应链废弃物回收模式进行灵敏度分析。仿真结果表明，绿色供应链废弃物回收模式下废弃物综合利用的经济效益和生态环境效益最为明显，为煤炭企业实施煤炭绿色供应链废弃物回收提供决策参考。

1.6 研究方法与技术路线

1.6.1 研究方法

煤炭绿色供应链所涉及的环节较多，所涉及的学科复杂多样，因此对其研究所涉及的理论方法也错综复杂。本书综合运用了矿产资源学、煤炭开采、可持续发展理论、低碳经济、循环经济和生态经济、复杂系统等理论以及绿色物流、结构方程、系统动力学和运筹学等研究方法；采用理论与实践、定性分析与定量分析相结合的方法对煤炭绿色供应链系统的构建与优化进行研究。

（1）国内外文献参考、相关专家访谈与煤炭企业跟踪调查相结合。通过研究国内外绿色供应链的相关文献，分析现有研究的不足，并为本书研究提供理论基础。本书选取神华宁煤、山西潞安等大型煤炭企业做实地考察，同时与煤炭行业专家做访谈，获取可靠的资料与数据，分析煤炭绿色供应链建设的必要性和发展对策。

（2）实证研究方法。本书根据煤炭企业实地调研和发放调查问卷的形式对具有代表性的大型煤炭企业集团进行数据调研，利用 SPSS 24.0 和 AMOS 25.0 软件，基于 SEM 模型对煤炭绿色供应链的内外影响因素及作用进行测度。建立影响因素概念模型，并对所调研数据进行信效度检验，对影响因素的路径进行分析，验证煤炭绿色供应链影响因素与构建煤炭绿色供应链系统之间的关联性及影响程度。

（3）运筹学多目标规划方法。本书采用运筹学中多目标非线性规划方法，建立了满足煤炭企业利润最大化，又能保证客户需求，同时兼顾生态环境的煤炭企业内部绿色供应链的多目标优化决策模型，并运用遗传算法进行求解。

（4）系统动力学（SD）仿真优化方法。本书运用 SD 方法对煤炭供应链的废弃物回收情况进行仿真分析，比较分析所模拟的灰色、浅绿色和绿色供应链模式下废弃物回收利用情况，为解决煤炭供应链废弃物的循环再利用问题和煤炭企业构建煤炭绿色供应链提供理论方法和决策参考。

1.6.2 技术路线

本书的技术路线如图 1.1 所示。

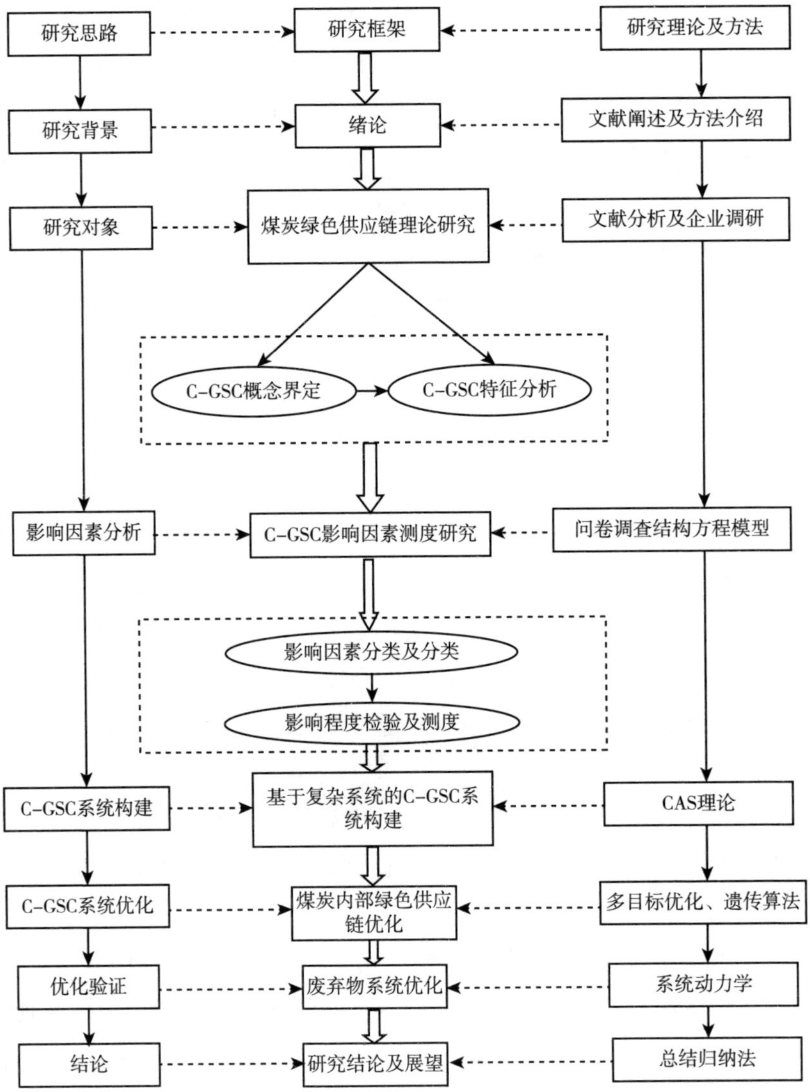
研究思路
研究框架
研究理论及方法
研究背景
绪论
文献阐述及方法介绍
研究对象
煤炭绿色供应链理论研究
文献分析及企业调研
C-GSC概念界定
C-GSC特征分析
影响因素分析
C-GSC影响因素测度研究
问卷调查结构方程模型
影响因素分类及分类
影响程度检验及测度
C-GSC系统构建
基于复杂系统的C-GSC系统构建
CAS理论
C-GSC系统优化
煤炭内部绿色供应链优化
多目标优化、遗传算法
优化验证
废弃物系统优化
系统动力学
结论
研究结论及展望
总结归纳法

图 1.1　本书的技术路线

2 大型煤业集团煤炭绿色供应链理论研究

基于对第 1 章文献的分析可以看出对绿色供应链的概念并没有统一的界定，目前国内外学者视野主要集中在绿色供应链的管理、战略、绩效以及企业绿色度评价等方面。对目前煤炭供应链特征和其对生态环境的负面影响进行分析，进而对煤炭绿色供应链概念界定，这对煤炭绿色供应链管理有理论指导作用。

2.1 煤炭在国民经济中的重要地位

我国是当今世界煤炭资源储量较为丰富的国家之一，在一次能源的生产和消费的比重中，煤炭基本占 70% 的比例。如表 2.1 所示，在一次能源的生产总量中，2017 年原煤产量所占比重为 76.6%，与 2008 年的 81% 相比，虽然有所下降，但是总体比重依然在 75% 以上。随着 21 世纪的到来，人们大量使用清洁能源，导致煤炭的消费比重下降，即便如此，其所占比重仍居 65% 之多，如表 2.2 所示。由表 2.2 可知，我国正处于能源结构的大调整阶段，虽然可再生能源及新型能源的利用势如破竹，但煤炭仍居生产和消费的首要地位。

表 2.1　　　　我国能源生产总量及其构成

年份	能源生产总量（万吨标准煤）	占能源生产总量的比重（%）			
		煤炭	石油	天然气	水电、核电、风电
2008	262992	81.0	10.3	4.1	4.6
2009	271067	81.0	10.0	4.2	4.8
2010	294807	80.7	9.8	4.3	5.2
2011	323045	81.9	9.0	4.3	4.8
2012	330203	81.0	9.0	4.4	5.6
2013	336452	80.4	8.9	4.7	6.0
2014	336149	79.2	9.0	5.0	6.8
2015	333505	78.2	9.2	5.3	7.3
2016	315131	76.7	9.0	5.7	8.6
2017	325829	76.6	8.4	6.0	9.0

表 2.2　　我国能源消费总量及其构成

年份	能源消费总量（万吨标准煤）	占能源消费总量的比重（%）			
		煤炭	石油	天然气	水电、核电、风电
2008	306455	75.0	17.4	3.5	4.1
2009	321336	74.9	17.2	3.7	4.2
2010	343601	72.7	18.3	4.2	4.8
2011	370163	73.4	17.6	4.8	4.2
2012	381515	72.2	17.9	5.1	4.8
2013	394794	71.3	18.0	5.6	5.1
2014	400299	69.8	18.5	6.0	5.7
2015	402164	68.1	19.6	6.2	6.1
2016	405144	66.7	19.9	6.7	6.7
2017	416091	65.2	20.2	7.5	7.1

由表 2.2 可知，自 2008 年以来，虽然煤炭的消费量持续减少，但是煤炭的消费总量一直在 65% 以上，仍然在能源消费比重中占有较大的比例，以 2017 年为例，其消费量是石油消费量的 3 倍多，是天然气和水电等新能源的将近 10 倍。由统计报告可以得出结论，煤炭在我国经济的发展中发挥着举足轻重的作用。

由图 2.1 可以看出，我国近五年的原煤产量从年产量 368485 万吨迅速增长到 374553 万吨，持续稳步增长。《2020 年煤炭行业发展年度报告》指出，2020 年我国煤炭产量 39 亿吨，同比增长 1.4%。到“十四五”末期，国内煤炭年产量将控制在 41 亿吨，煤炭年消费

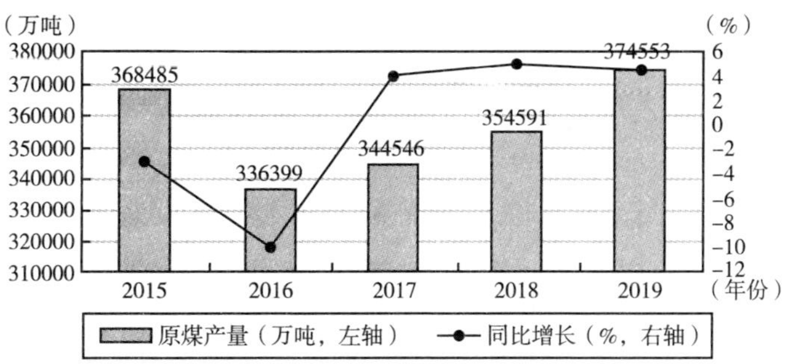

图 2.1　近五年我国原煤产量统计

量将控制在42亿吨左右。“十三五”期间，煤炭行业“去产能”目标任务超额完成。截至2020年底，全国累计退出煤矿5500处左右、退出落后产能10亿吨/年以上，超额完成国务院提出的化解煤炭过剩产能的目标。

2.2 现行煤炭供应链特征分析

绿色经济起步较晚，在煤炭供应链管理方面也存在很多弊端。且对煤炭供应链的专项研究也不多见，导致现行煤炭供应链管理过多强调供求和存储而忽视链上环节的关联性。

根据国内学者对当前煤炭供应链特点的分析，得出我国现行煤炭供应链的特点如下：

（1）煤炭供应链资源片段化。

资源片段化的问题同时存在于我国煤炭供应链信息、运输和库存等方面。煤炭供应商、消费客户资源的片段化则是由煤炭供应侧、消费端、同一侧不同企业的独立存在引起的；煤炭运输资源的片段化则是由于铁路与港口、公路运输分别隶属于铁道部门和交通部门，而铁路线隶属于各自的铁路局，煤炭运输协调组织的缺失引起的；煤炭库存资源的片段化源于煤炭库存的所有者不同；信息流资源的片段化是由煤炭生产和企业单位与金融机构在不同程度上的缺乏合作基础的联合导致的。

（2）将煤炭供应链管理与煤矿供应链管理混淆。

煤炭供应链管理以客户需求为导向，以煤炭资源的可持续利用为宗旨，以煤炭企业盈利为目标。而煤矿供应链管理是煤炭企业的内部管理。由此可知，煤炭企业应当建立以电力、钢铁等消费企业需求为中心的供应链。尽量满足消费端的不同需求，同时为建材厂、造纸厂等提供煤炭在开采、洗选过程产生的废弃物，实现价值增值的同时又兼顾了环境保护。

(3) 煤炭企业以降低成本为目标却忽略了客户需求和对环境生态的破坏。

一直以来，煤炭企业追求的是自身利益的最大化，没有体现以客户为导向的理念且忽视了在供应链的各个环节中对资源的浪费和生态环境的破坏的状况。因此，在整套链条中，应将以客户为重心、生态环境保护作为供应链管理的重中之重。

由此可见，在煤炭供应链管理的过程中，煤炭企业应兼顾用户的需求同时以环境保护、资源节约为企业的根本目标。对供应链上的物流、信息流、资金流等流行为进行重新规划和控制。

(4) 煤炭供应环节缺乏保障。

煤炭供应环节意味着煤炭企业能够按时按质保障提供给客户所需的煤炭及煤炭产品，同时要兼顾社会公众对环境保护的要求。根据目前煤炭企业的设备技术条件，大多数煤炭生产企业仍以原煤开采为主，以洗、选、配等环节为辅。消费企业或中间经销商应当对商品煤自生产环节后的一切情况负责。即使消费企业也会将购入的多品种煤进行混配，而且也有少部分处于流通市场的经营商根据需求向消费企业提供已经配好的煤炭资源，即便如此，我国的煤炭销售类型仍属于“有什么卖什么”的原始层面。流通环节的链条到消费环节就结束了，没有进一步考虑煤炭废弃物的回收利用情况。虽然近年来大型煤业集团开始从环境层面考虑煤炭的可持续发展问题，但收效依然不明显。因此，煤炭供应环节缺乏保障成为中国煤炭产业的一大诟病，存在着煤炭资源严重浪费、再回收利用率低、生态环境破坏严重等问题。

(5) 运输的煤炭状况不同造成资源浪费及环境破坏。

我国一般将大部分未经加工过的原煤直接通过火车运输，这不仅对环境造成了极大的污染，还降低了煤炭的利用率，也是对动力资源的浪费。而美国的煤炭企业一般先将需要外运的原煤进行加工以除尘和杂质，然后利用火车运输，通过这种方式不仅可以降低运输的费用还可以节省运输设备的保养费用。以配煤环节为例，煤炭在经过配比后投入燃煤锅炉中。我国由消费企业进行配煤，配煤环节的方法比较原始，配比后的原煤精确度较低。而美国的配煤方式却截然相反，美国一般由煤炭生产企业进行配煤，采用精细化配煤方式，可以保证高精度的原煤。例如，Arch Coal 公司开采出原煤后并不会外运，反而是对开采的原煤进行检测，合格后方可进行配煤。对客户的需求进行分析、配煤程序及技术、对煤质的分析构成了配煤的流程结构。配比后的原煤将成为标准化的产品，通过各种交通方式运送至目的地，具体见图 2.2。

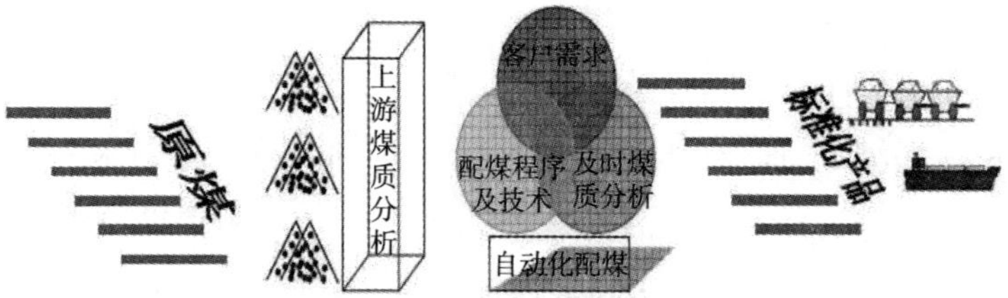

图 2.2 美国煤炭第一方公司配煤流程

2.3 煤炭供应链系统对生态环境的影响分析

煤炭供应链系统是相当复杂的。无论是作为开端的煤炭开采环节还是对煤炭的利用和回收环节，都蕴含着“非绿色”成分，“非绿色”的主要因素如图 2.3 所示。污染成分的大量存在给生态环境造成了极大的破坏性影响，在此情况下，煤炭供应链对经济、社会可持续发展造成了破坏性的影响。而且这种破坏性影响也随着煤炭经济的发展而日渐严重，其对生态环境的影响和破坏可以从煤炭供应链系统各主要环节分析。

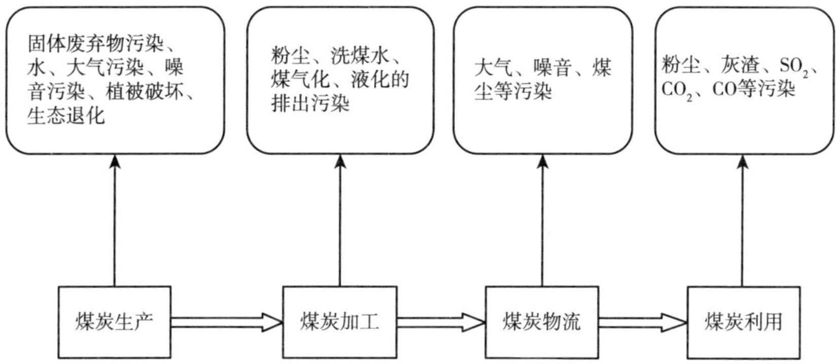

图 2.3 煤炭供应链非绿色因素

2.3.1 煤炭开采对生态环境的破坏

煤炭开采带来的环境污染和生态破坏可以表现在以下方面。

(1) 地表水污染以及地面塌陷。

矿区水体的污染源主要来自煤炭在开采过程中产生的矿井水、洗选加工过程的废水、煤炭深加工过程的工业废水以及矿区的生活污水。这些废水携带着大量的细菌和病毒，不仅对矿区周边水体造成严重破坏，同时水体的不断渗入也会给矿区的动植物的栖息地造成破坏，土壤受到严重伤害，耕地面积会不断减少。

此外，经统计发现，煤矿开采的同时会对地质结构造成破坏、造成地下水流的变化，从而破坏了“地表水—地下水”的循环过程。因此，矿区废水的排放不仅对矿区附近的水资源、土壤、动植物造成了严重破坏，而且对整个矿区的生态系统造成威胁，同时也危害着矿工的健康。

煤矿井下水的大量外抽，造成了矿井上底承载能力的下降，由于大量的中小型窑煤井没有在勘探的同时采取各种预防手段，导致了部分小窑煤井在对煤矿预留煤柱大量采挖、破坏的情况下，造成了地层的错动，地表因此发生下沉。

（2）固体废弃物污染。

煤炭开采同时会产生大量的煤矸石，煤矸石堆放在地表会对生态环境造成破坏。其突出表现为植被遭到破坏，狂风带起煤矸石的灰尘会带来粉尘污染，雨水冲刷煤矸石堆致使有毒物质随雨水渗透土壤或河流从而破坏生态环境等。

（3）大气污染。

在煤矿的开采过程中一定伴随着有害物质的产生，如一氧化碳（CO）、氮氧化物（NO_x）等，据资料显示，我国的矿井每年大约会产生 100 亿立方米的甲烷并排放至大气之中，对空气造成了严重的破坏性污染。同时，开采煤矿所产生的粉尘也对从事矿物开采的工作人员的健康造成伤害，而且排放至大气中的有害、有毒物质也会进一步造成温室效应，加剧了全球变暖的程度。

（4）对植被及生物栖息地的破坏。

煤矿开采过程造成的地面坍塌会破坏植被的生长。地面坍塌的具体形式可表现为山体滑坡、地面出现裂缝、雨水冲击造成泥石流等，通过上述方式导致植被的生长环境遭到破坏，进一步导致植被减少、森林破坏等。

煤矿开采过程也会对动物造成不良影响，主要表现为破坏了动物生长的栖息地和生存环境。在煤炭开采的过程中往往需要大型设备的搭建，设备用地往往会破坏动物原有的栖息地，残留的有毒、有害物质更可能残留于地表植被中，动物将地表植被作为食物摄入体内，会对其身体健康造成不良影响，同时，矿物开采一般需要将动物与开采区隔离，这也会减少或取消动物的活动区域，破坏了生态环境的食物链，破坏了生物的多样性。

2.3.2 煤炭洗选加工过程对生态环境的影响

煤炭洗选加工过程中存在三个方面的“非绿色”因素：第一，

表现在大量的粉尘和粉煤灰，主要产生于选煤厂在对煤炭的储运、破碎、筛分过程中，而且在这些粉尘中存在少量会严重危害人体健康的有毒、有害物质。第二，表现为水污染和资源的严重浪费，主要产生在煤炭洗选的过程中。洗煤水一般会直接排放至工厂外部，造成煤炭资源的严重浪费，同时洗煤水中含有大量的有毒物质，有毒物质排放至河流中，造成水体污染。第三，表现为排出的大量污染物，主要产生于煤炭加工的气化和液化过程。

2.3.3 煤炭物流环节对生态环境的影响

煤炭在物流环节一般是大宗裸装货物，煤炭直接裸露在空气中会因风而散播其粉尘，造成粉尘污染破坏大气层；一般采用铁路运输的方式进行，在运输过程中会对铁路两侧的生态环境进行破坏和污染。同时，因为是裸装铁路运输，也可能会通过遗漏的方式将部分煤炭遗漏在铁路两侧，因而对环境造成破坏的同时也会造成资源的浪费，而且这种浪费是无法挽回的。据资料显示，煤炭运输过程中因洒落而造成的煤炭丢失的回收率几乎为零，在资源浪费的同时也会对环境及身体健康造成极大的影响，表现为以下两点：第一，沿途散落的煤炭及粉尘渗入土地后会破坏植被的生长、破坏生物的栖息地、污染土地生长的植物，人们食用后甚至会损害身体健康；第二，沿途遗留的煤炭都可作为动力资源，散落在铁轨附近会因火车与铁轨的摩擦而产生火花从而发生爆炸，危害了铁路从业人员和周围居民的生命安全。

2.3.4 煤炭消费利用环节对生态环境的破坏

21 世纪以来，我国煤炭开发利用量以年均 2 亿吨的速度增长，2020 年我国煤炭产量为 38.4 亿吨，全球总量是 74.38 亿吨，即我国的煤炭产量全球占比高达 51%，煤炭的大规模开发利用带来了严峻的生态环境和污染物排放问题，对可持续发展和人身健康构成了严重的威胁。

煤炭利用过程中向环境释放了大量二氧化硫（SO_2）、氮氧化物（NO_x）、挥发性有机化合物（VOC）、悬浮颗粒物等大气污染物和二氧化碳（CO_2）等温室气体。研究表明，燃煤利用过程中排放的SO_2、NO_x和颗粒物分别占全部人为源排放量的94%、60%和70%左右，是主要的大气污染物来源。目前，我国的CO_2排放总量已排在世界首位，人均温室气体排放量也已达到世界平均水平，CO_2减排压力日益增大。

2.4 煤炭供应链系统对生态环境影响原因分析

煤炭供应链系统是一个相当复杂的系统，该系统可以分解为多个子系统，其基本运作模式如图2.4所示，该系统包括系统的输入、系统运作、系统约束、系统反馈和系统输出。

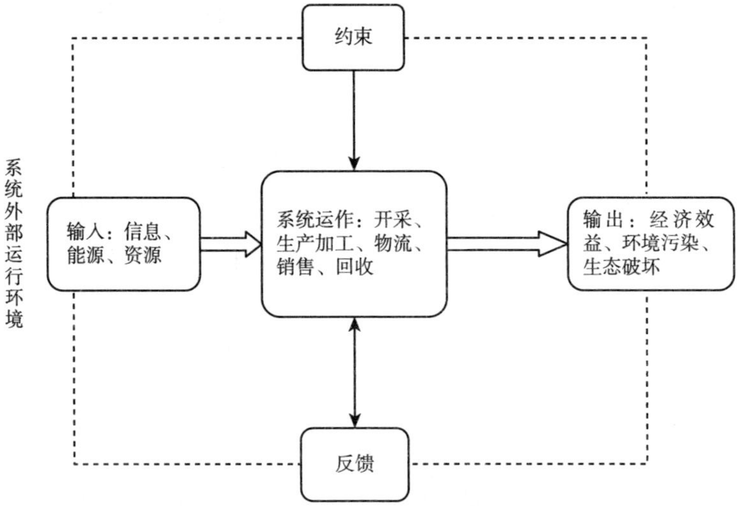

图2.4 煤炭供应链运作模式

煤炭供应链系统是以社会这个大系统为前提条件的。该系统是通过外部输入、内部输出、外部约束、内外反馈与外部环境相互联系。外部环境对供应链系统的直接输入就是煤炭供应链系统的输入，涵盖了信息、资源、能源等方面；经过所有环节后进行的对外界环境的输入即为煤炭供应链系统的输出，涵盖了经济效益、对自然生态环境造成的污染和破坏等方面；外界环境对供应链系统的间接输入或制约即为供应链系统的约束，主要涉及政策、法规、文化等；信息的反馈就是系统的反馈，系统和外界运行环境之间的信息反馈集中体现了这一流程，可用图中的双向细线箭头明确表现出来；供应链系统本身的转化处理过程就是煤炭供应链系统的转换处理，主要从事把资源、信息从输入转化为输出的工作。

由图 2.4 可知，煤炭供应链系统与自然环境提供的资源输入是密不可分的，而破坏自然、生态环境的行为必定蕴含在供应链系统的输出环节之中。所以煤炭供应链系统必然会对生态环境造成影响，其原因可以概括为以下四点。

（1）管理和运行机制的不合理性。

总的来说，目前人们对于保护生态与能源开发的关系并没有彻底明确的认识，导致人们在开发能源时没有坚持可持续发展观，只注重眼前的利益而忽略了长远的利益，目光短浅导致了经济的单方面提高，却带来了环境和生态的严重破坏以及资源的浪费。这也是我国煤炭行业仍然处于原始、初级的发展状态的原因之一。国家政策在这方面的缺失也使煤炭产业无法做到协调发展，长此以往，经济效益必然下降。

（2）矿业监督管理机制不健全，相关政策无法完全落实。

在过去的几十年里，我国片面追求经济增长速度而忽视了从长远利益角度出发看待发展的问题。在煤炭资源的开采利用方面尤显突出，对煤炭的开采利用缺乏宏观调控的手段和有效的监督机制。这些导致了“国家监察、地方监管、企业负责”的战略落实不到位，使非法开采、超层越界开采等乱采滥挖煤炭资源违法行为不断升级，煤炭行业规范和标准也形同虚设，最终导致了产煤大省的小煤窑泛滥、占用并浪费了大量的资源，同时也对生态环境造成了极其恶劣的影响。由于小煤矿经济实力不够，因此在开采加工过程中所使用的技术和设备都是被大企业所淘汰下来的，最终导致煤炭资源被严重浪费，生态环境也遭到了严重破坏。

（3）缺乏完善的法律制度。

法律法规是对煤炭资源进行合理开发、有效利用最权威的管理手段。但距今为止，我国关于煤炭资源保护、煤炭资源合理开发的法律仍不完善。虽然已经有《煤炭法》和《矿产资源法》的出台，但是仍没有完全起到保护的作用，很多权力归属没有明确的界定，无法可依、执法不严。在法律方面需要进一步的明确权力归属，如安排好什么部门管理什么方向。只有这样才能做到各司其职、有法可依、有法必依、执法必严、违法必究。

（4）技术基础薄弱制约煤炭供应链的健康发展。

由于煤炭行业具备机械化程度高但技术水平低、从业人员的技术落后、行业科技含量低等自身缺陷，并同时受到了其他很多客观因素的影响，导致煤炭行业的进一步发展受阻，煤炭行业的供应链也更为薄弱和不健全。

2.5 绿色供应链的概念界定及其内涵

随着环保时代的到来，全世界掀起了一股“绿色浪潮”，“绿色革命”狂潮般席卷了社会生活的各个层面，同时渗透到社会大生产的各个环节，而煤炭资源作为社会生产的重要组成部分，其现行供应链系统存在着诸多弊端，在这种形势下，煤炭也被赋予了“绿色”概念下的新特征，因此就产生了煤炭绿色供应链。

2.5.1 绿色供应链的引入

国外最早关于绿色供应链管理的研究是在普通供应链的基础上，增加了对环境因素的考虑，因此又把绿色供应链称为环境供应链，从那时起开始把环境保护提上日程。而制造业又是在供应链链条中对环境的负面影响较大的一个行业，因此，在刚开始对绿色供应链的研究中主要出现在制造业上。在供应链管理中增加环境因素的思想最早在20世纪70年代，到90年代逐渐开始盛行。1996年，美国第一次提出了绿色供应链的概念，此后，许多国家的学者都开始展开对绿色供应链的研究。

在我国，从党的十八大到《煤炭工业发展“十二五”规划》都开始对绿色的要求进行规划。

（1）党的十八大提出推进生态文明建设的发展目标。

全面贯彻我国关于节约资源、保护环境的两大基本国策，坚持发展将资源的节约、环境的保护和经济的发展紧密联系的经济发展模式，逐步实现经济发展的绿色化、循环性、低碳化，最大限度地保证实现资源的节约和环境的保护，避免生态破坏，从根本上实现绿色经济的发展模式。

（2）资源节约、环境友好、发展绿色经济成为时代的呼唤。

在资源利用率低、环境严重破坏、生态环境失去平衡的恶劣形势的逼迫下，节能减排、资源循环利用、保护自然环境、保护生态平衡的新的绿色经济已经成为时代的呼唤，在此基础上，国家提出了建立资源节约型、环境友好型社会的要求。

（3）《煤炭工业发展“十二五”规划》提出了煤炭工业的问题。

近年来，我国的煤炭工业取得的巨大进展并不能掩盖其发展的同时伴随产生的种种不平衡的问题。

自然资源的总量日渐减少。我国煤炭资源虽然丰富，但人均占有量和人均可供开采的数量极少，仅占世界总量的2/3，由于大规模的勘探和开采，目前已探明的存储量低于世界平均水平的1/3；我国的资源回采率不高，一般一经开采的地区无法实现二次开采，对资源造成严重的浪费，虽然产量和储量均高，但我国对煤炭资源的需求量和消费量极大，约占世界水平的1/2。目前我国正面临资源支撑难以为继的尴尬局面。

生产和消费的矛盾逐步显现。我国东部地区重工业发展迅速，对煤炭资源的需求量大，但资源并不丰富，面临逐步将资源供应地向西部扩展的趋势，然而西部作为我国能源主要供应地面临生态环境因大量开发资源而遭到严重破坏的不良局面。并且“西煤东运”和“北煤南运”的成本偏高，目前的消费局势不利于我国对资源进行统筹规划。

煤炭行业管理机制不完善。我国对于煤炭行业的管理相对不集中、权责并不清晰，导致煤矿开采的过程中出现了随意开采的现象，许多煤炭企业钻了管理制度和法律制度的“空子”，将其矿业的开采权进行转卖，为实现个人利益而将生态环境置之不理。有些地区虽然强调了保护生态环境但不合理的限制导致许多煤炭企业无法开展工作。行政管理的不到位是煤矿生产体系健康发展的另一阻碍。

无论是党的十八大还是“十二五”规划都提出了资源节约、环境友好和生态文明的生产方式和消费模式，因此对煤炭绿色供应链进行研究尤为重要。

2.5.2 绿色供应链相关原理

绿色供应链综合考虑资源节约利用和循环利用，在链上的各个环节又把生态环境保护作为一个重要的衡量指标。因此它涉及的理论基础较多，有以下四个理论作为绿色供应链管理的指导基础。

（1）循环经济理论。

20世纪60年代，美国的波尔丁首次提出了“循环经济”的理论。但是，对于循环经济的含义，到目前为止学术界没有统一的定义，只是对其目标和发展模式有统一的认识，循环经济（cyclic economy）即物质闭环流动型经济，是指在人、自然资源和科学技术的大系统内，在资源投入、企业生产、产品消费及其废弃的全过程中，把传统的依赖资源消耗的线形增长的经济，转变为依靠生态型资源循环来发展的经济。

因此，为呼应这一主导思想，构建绿色供应链势在必行，同时也需要进行企业流程的改造。

（2）可持续发展理论。

1972年，在斯德哥尔摩举行的联合国会议上首次提出了可持续发展（Sustainable Development）的理念。来自各个国家的代表们达成了共识，即人类拥有建造更加健康、和谐、富有生机的生存环境的权利。随后，可持续发展的理念在各个国家也逐渐被提上议程。

可持续发展注重社会、经济、文化、资源、环境、生活等各方面协调“发展”，要求这些方面的各项指标组成的向量的变化呈现单调增态势（强可持续性发展），至少其总的变化趋势不是单调减态势（弱可持续发展）。其宗旨是既能相对满足当代人的需求，又不能对后代人的发展构成危害。

可持续发展思想的提出也顺应了时代的要求，它是人们在面临自然资源与环境和人口的重重矛盾的情况下提出的，伴随着时代的发展而更加凸显，逐步演变成了各个国家都极其重视的问题，并且发展了绿色供应链的理念。

（3）工业生态学理论。

在工业生态学的理论中，包含传统的制造模式理论和绿色供应链理论，相对于绿色供应链理论而言，传统的制造模式理论下的生产模式通过资源的大量消耗和对环境的牺牲和破坏来实现经济利益的，这种生产模式不仅对环境造成了破坏、给生态平衡带来了隐患，同时也没有保证经济利益的持续性。相比较而言，绿色供应链理论是将环境生态的保护提高到与经济发展同等地位的一种发展思想，在追求经济利益的同时做到了减少资源的浪费，做到最大程度的循环经济。在此基础上，可以更进一步吸收生态系统的保护方法，将生态保护与环境保护和经济发展同时注重、同等发展。

（4）低碳经济理论。

2003 年，英国关于能源的白皮书上第一次提出了“低碳经济”的理念。在此之后，世界上各个国家也都开始了对低碳经济的研究和探索。低碳经济（Low - Carbon Economy）的主要方面包括降低温室气体的排放目标、低耗能和低污染的发展模式。其具体内涵体现为一种在生产、流通和消费等环节中注重实现低碳化。简言之，低碳经济完全符合了可持续发展的理念，在保证经济利益的同时通过各种科技手段、创新发展模式、开发新型能源等方式实现生态系统的保护和降低温室气体的排放，真正实现经济发展与生态保护的双赢。

低碳经济的根本要求和实质是要求实现能源的高效利用、清洁能源的开发利用和实现绿色 GDP。其关键核心是要求节能减排、实现产业结构的调整以及制度的创新和人类社会生产发展观念的彻底改变，这就要求进一步促进煤炭企业进行绿色供应链的建设与管理。

2.5.3 煤炭绿色供应链（C - GSC）概念界定

根据第一章文献综述所阐述的关于绿色供应链的相关理论可以得知，绿色供应链理论属于新兴的一种供应链理论，它并没有源远流长的历史可鉴，尽管如此，绿色供应链还是得到了中外许多权威学者的认可，在他们的作品和成果中随处可见他们对于绿色供应链的阐述和期待，虽然仁者见仁、智者见智，但中外学者还是对绿色供应链有一个大体的共同认识，即它是为了实现经济效益与生态效益有机结合的新理论，充分代表着科学发展观理论所倡导的环境友好型发展目标。所谓的“绿色供应链”并不是指绿颜色，而是体现着一种保护生态、环境、人文的一种理念。其主要体现在提高经济利益的同时保护生态环境，在最大程度上做到节能减排、循环利用资源和坚持科学的发展、绿色生产的一种理念[92]。杨玉中等对煤业集团绿色供应链管理中绿色供应链的构建、绿色供应商的选择和绿色供应链绩效评价等若干关键问题进行了研究，并对研究成果在煤业集团的实际应用进行了分析[93]。

根据前述分析，结合煤炭供应链的特点，借鉴国内外学者对绿色供应链重新分析，本书对煤炭绿色供应链的概念界定为：煤炭绿色供应链是基于链上各环节对生态环境的负面影响，从资源循环再利用的角度，来考虑煤炭资源可持续利用问题。也就是说，首先要对煤炭绿色供应链整体进行绿色设计，从煤炭企业的技术设备引进开始，就进行追踪和控制，使煤炭在开采、加工、物流阶段能遵循环保的规定，从而减少煤炭及其产品在消费阶段和回收阶段给环境带来的负担，即以生态环境保护为前提，以减少资源消耗为目标，以循环经济与可持续发展为指导，建立资源节约型、环境友好型、生态文明型、社会认可型煤炭绿色供应链系统（Coal - Green Supply Chain，C - GSC），如图 2.5 所示。

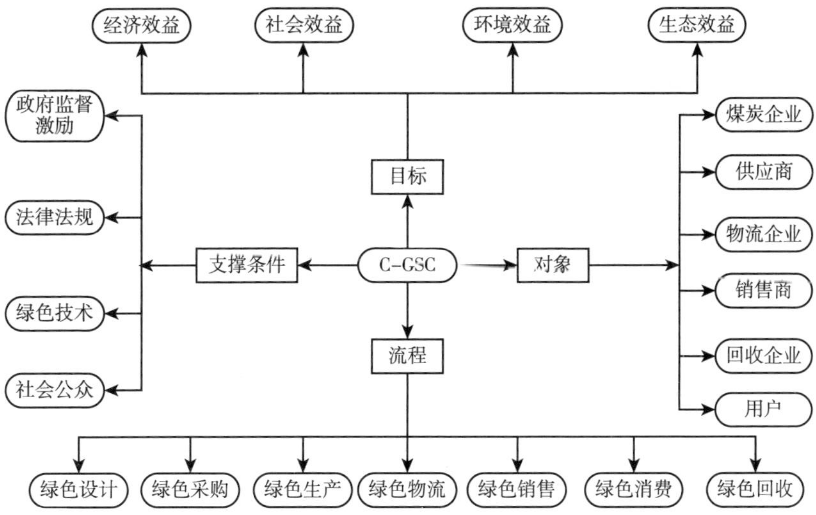

图 2.5 C - GSC 系统框架

2.5.4 C－GSC的内涵

（1）C－GSC 的目标。

煤炭企业利用一般的煤炭供应链来达到降低成本、提高收益的目标，主要是为了提高经济利益，与一般的煤炭供应链不同的是，绿色供应链被应用于在提高经济利益的同时保护环境和生态平衡并且达到节能减排的目标，因此，绿色供应链不仅是企业营利的手段，也是实现循环经济、环境友好型发展的重要手段，它通过节能减排以降低资源的浪费，能保护环境和生态，符合了科学发展观下的协调可持续发展的理念，即完整地将经济、社会、环境、生态效益相结合。由此可知，煤炭绿色供应链完全符合了科学发展观的要求，是比较健全和发达的现代化的供应链。

（2）C－GSC 的对象。

煤炭绿色供应链自身涵盖了许多特点，主要包括：广泛地涉及范围、先进的技术性、效益的社会性与生态性等，煤炭绿色供应链既包括煤炭企业、供应商等对象，也包括因销售而产生的销售商和物流企业等。若要同时实现保护环境与人身健康和节能减排的目标就要充分利用煤炭绿色供应链，从而充分利用在生产环节产生的可重复利用的资源，因此，为实现绿色供应链的充分利用，回收企业的引进也是十分必要的。前面已经提到过，社会大众从来都是绿色供应链的受益人和参与者，因此，应当适当地宣传正确的消费理念，从消费者的角度树立绿色供应链的存在意义。

（3）C－GSC 的流程。

供应链管理流程显示，煤炭绿色供应链流程主要涵盖了绿色设计、采购、生产、物流、销售、消费和回收等环节，而绿色供应链的闭环系统就由上述环节组成。

（4）C－GSC 的支撑条件。

煤炭绿色供应链十分复杂，所以无法仅凭借煤炭行业自身实现。

煤炭绿色供应链的建立也离不开政府的支持与监督，更是需要行业协会的支持，同时也需要法律法规的约束和保障。同时，社会大众也应该是建立绿色供应链不可或缺的参与者与获益者和监督者，所以煤炭绿色供应链的建立需要全民的支持与参与。

2.6 实施煤炭绿色供应链的必要性分析

（1）绿色供应链是煤炭企业可持续发展的必然选择。

绿色供应链已经是现代供应链发展的大势所趋，因为煤炭绿色供应链一方面建立在社会化大生产带动的高速经济发展的基础上，另一方面与绿色开采、加工、物流、消费等活动密切相连。供应链的每个功能环节都应该完全地代表着绿色供应链的理念，将非绿色的因素完全剔除，从而达到绿色供应链的目的。为防止造成重复污染，煤炭产业的各个企业和部门都应该合理利用资源、防止资源浪费。煤炭企业作为资源开发企业，在很大程度上都依赖资源，却忽略了环境，从而导致了低收益、破坏率高的现象，不利于科学发展。近年来，大型煤炭企业的可持续发展意识不断增强，在开发煤炭资源的同时能兼顾环境、生态的平衡。大型煤炭企业应进一步把环境作为企业的生产要素，应变被动为主动，发挥企业的自主性、能动性和积极性。如果按照这种发展方式进行生产，在不远的将来一定能实现绿色发展，在开发的同时保护资源与生态，实现可持续发展，从而实现建立完善的绿色供应链系统的目标。

（2）绿色供应链是生态环境保护的必经之路。

目前我国的环境保护工作已经被列为重点工作之一，改革开放以来，在积极建设中国特色社会主义的同时，抛弃了“先污染再治理”的错误思想，努力挽回由于环境污染、生态破坏带来的巨大经济和资源的双重损失。尽管国家已经采取各种方式避免环境污染和生态破坏，但近年来环境问题仍然是我国经济发展的一大阻碍。接二连三的环境污染事件已经为我们敲响警钟，时刻提醒我们，我们赖以生存的环境正在日益恶化，并且恶化的速度令人瞠目结舌。据统计，在世界污染最严重的20个城市中，我国就有16个城市位列其中，我国的二氧化硫的排放量居世界首位，环境污染程度达到了发达国家的30倍之多。如果按这种发展方式继续生产的话，我国最终将成为全球变暖、环境恶化的罪魁祸首。因此，绿色供应链是生态环境保护的必经之路。

（3）绿色供应链是发展循环经济的需要。

绿色供应链不同于一般的生产方式，它采用保护环境的生产方式在发展经济的同时注重资源的循环利用，既能发展经济又可以保护生态促进资源的合理利用。绿色供应链体现了循环经济和科学发展观，达到以人为本、全面协调、可持续发展的目标。世界上从来就不存在取之不尽用之不竭的资源，我国经济近几年的迅猛发展也在提醒我们资源的日益减少甚至会出现枯竭的状况，所以实行循环经济已经是必然选择，而绿色供应链更是循环经济的有力保证，它能彻底地将煤炭资源浪费的问题扼杀，在发展绿色经济的同时保护资源，同时实现资源的优化配置与节能减排和发展中国特色社会主义经济的目标。绿色供应链完全遵循了科学发展观下的可持续发展理念，纵观全局，实现循环经济和可持续发展，绿色供应链是必然的选择。

（4）社会及公众的需求。

全球各个国家政府制定了一系列法律，禁止企业以追逐利益为目的而产生的对环境造成破坏的行为。生态环境的保护已经成为一个全球的话题。我国对污染型企业也采取了税收制度和罚款等惩罚措施，而对绿色企业给予适当的政策优惠。民间环保工作也趋于规范化和合理化，形成了许多监管企业环保方面的组织。各种新闻媒体也相应地采取了手段进行绿色化宣传。这一切都表明社会公众日益增加了对环境保护的关注度。消费者在购买产品时都会把环保因素纳入考虑因素之中，对环境不友好的企业会有差评。

3 大型煤业集团煤炭绿色供应链影响因素测度研究

3.1 煤炭绿色供应链影响因素构成

随着我国经济飞速发展，国内许多企业日渐形成社会责任意识和环保意识。然而，由于我国供应链管理的理论研究和社会实践起步都较晚，因此企业已开始认识供应链管理的重要性。虽然一些企业逐渐认识到供应链管理过程所造成的环境问题，但对绿色供应链管理的认识还处于初始阶段，认识程度也非常有限，因此，大多数企业并没有主动选择实施绿色供应链管理。在构建供应链管理系统时，企业主要还是考虑降低成本、提高效益等。

然而，作为一种新兴的供应链管理方式，绿色供应链管理符合人类社会可持续发展的需要，顺应未来供应链发展的必然方向和趋势。当前，污染的产生，资源的浪费存在于煤炭供应链管理过程中的各个环节。因此，政府、社会公众以及煤炭企业都应立足长远，致力于发展和实施煤炭供应链绿色化战略。人类社会发展的必然需要，以及环境对供应链产业发展的趋势要求，促进了煤炭绿色供应链的产生与发展。同时，煤炭绿色供应链的实施和发展也受到煤炭企业树立社会形象、承担社会责任、获得社会价值、提高企业竞争力等内在需求的驱动。特别是在我国可持续发展战略和科学发展观的引导下，出台推动绿色经济发展的具体方案已成为国家政府和地方政府的一项重要任务，这也提高了企业实施绿色管理的意愿水平。所以说，煤炭绿色供应链管理系统的规模极其庞大，它不仅要求企业内部组织结构的合理性和管理的科学性，而且它的发展受到来自企业外部的条件、主要相关主体的影响作用。即使企业内部结构和管理再合理，如果外部因素无法为实施绿色化战略提供条件，外部相关主体也无法推进供应链管理的绿色化进程，则要建成一个完整的绿色供应链系统也是行不通的。

因此，本章将煤炭企业绿色供应链的影响因素分为内部因素和外部因素，分析其对煤炭绿色供应链的作用机制。

3.2 煤炭绿色供应链内部影响因素分析

煤炭企业是绿色供应链管理的直接践行者，来自企业内部的影响其实施绿色供应链管理的各个因素就是所谓的内部影响因素。内部影响因素主要包括煤炭企业实施绿色供应链管理的内部驱动和制约。

3.2.1 内部动因的作用机制

内部驱动主要包括经济效益、社会责任、可持续发展需要等，而内部制约主要体现在企业实力不足和绿色供应链的投入成本较传统的供应链成本较高等上。

(1) 经济效益对煤炭供应链绿色化的驱动作用。

作为理性的“经济人”，企业所做的经济决策的长远目标就是追求利润最大化，所以企业在进行经济活动时，总是依据 Max（产出—投入）的原则进行决策。因此，绿色供应链能否给煤炭企业带来相应的经济利益或是提高竞争能力，是企业绿色供应链管理内部驱动产生的根源。实施绿色供应链管理需要投入一定的环境成本，如果绿色供应链的投入成本不及由此带来的经济效益，即绿色供应链为企业带来了经济效益并增强了企业的竞争能力，则企业用于投入变革传统供应链管理方式的资金实力就会更强。因此企业绿色供应链的实施和发展受到他们之间相互推动的影响。

煤炭企业实施绿色供应链管理所获取的经济效益主要体现在：

①为达到节约供应链管理成本的目标，可以通过对供应链网络的

合理布局和科学规划，并实行绿色运输管理，以便在很大程度上压缩供应管理过程中的能源损耗，进而降低供应链运输成本及环境风险成本。

②构建绿色供应链系统，实施绿色管理。为优化整个供应链系统，企业既可以通过提高供应链效率，也可以与供应链上的其他相关主体建立合作联盟，最终在整个煤炭行业里建立起绿色供应链系统。这个系统从煤炭开采、加工、生产、供应、销售、消费到回收都实现绿色化管理，因而降低企业生产经营成本，节省供应链管理费用，提高整个行业供应链整体效率。

（2）社会责任对煤炭供应链绿色化的驱动作用。

企业社会责任（corporate social responsibility，CSR）是指企业作为一个法人，在创造利润、对股东承担相应法律责任的同时，也要考虑到对各相关利益者造成的影响。随着消费者的环保意识伴着物质水平的提高而逐渐增强，企业有没有承担社会责任已经成为影响消费者偏好的一个重要因素。因此，现代企业不仅要追求经济利润，也要承担社会责任。实施供应链绿色化战略，是企业保护环境、承担社会责任的具体表现。实际上，企业通向可持续发展的重要途径就是承担社会责任，因为它是社会全体对企业的合理期望。承担企业社会责任并不会分散企业的精力，相反的，它能够提高企业竞争力和企业声誉。

纵观现代供应链在经济发展中的地位和作用，可以发现，绿色供应链的实施和发展具有重大的社会价值，不仅推动着绿色产业发展，也促进绿色经济的发展。由绿色供应链的概念可知，实施供应链管理绿色化战略是一项符合经济社会可持续发展的重要措施。对于一个勇于承担社会责任的煤炭企业而言，实施绿色供应链，将帮助企业树立良好的社会形象、企业信誉，提升企业“环保”形象，这必将给企业带来明显的社会价值，使消费者更倾向于购买该企业提供的产品，无形中改善了企业与消费者的关系，间接提高企业的整体经济效益。

供应链是嫁接在企业与消费者之间的桥梁，这座桥梁像一个纽带一样将企业和消费者联系在一起。通过实施绿色供应链管理，煤炭企业可以引导广大消费者节约利用资源，促进绿色理念在全社会范围内的推广，因此，实施绿色供应链管理具有重要的社会价值和意义。作为企业实施供应链绿色化战略的主要动因之一，承担社会责任是企业社会价值的具体体现，可以为企业带来经济效益，并且提高其竞争能力。

综上所述，企业良好的社会表现是通过承担社会责任来实现的，因此承担社会责任有利于企业树立良好的社会形象并提高企业信誉，提升企业的社会地位，为企业带来社会价值，进而为企业带来经济效益或提高其竞争能力。同样地，良好的企业信誉也会为企业带来经济效益，提高竞争能力。反过来，获得长久的经济效益和提高自身竞争力也是企业承担社会责任、实施绿色供应链管理的内在动力。当企业获得了经济效益、提高了企业竞争力后，企业便有更多的财力、物力、人力去承担社会责任，提升企业信誉。因此，企业承担社会责任、提升企业信誉与提高经济效益之间的关系不是相互制约、相互矛盾，而是相互推动、相互促进的，如图 3.1 所示。

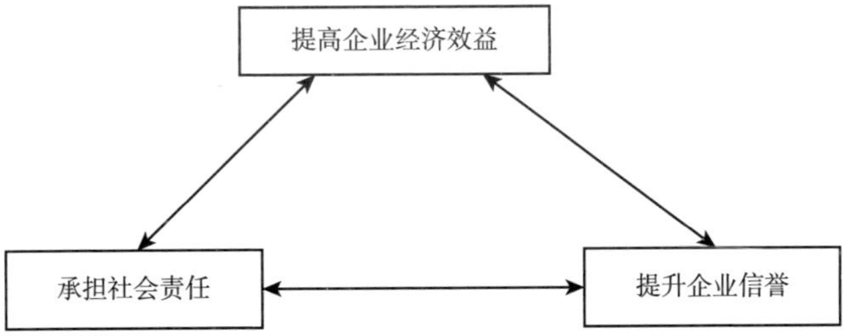

图 3.1　承担企业责任、提升企业声誉与提高经济效益之间的关系

鉴于企业承担社会责任、提升企业信誉与提高经济效益三者之间的相互作用机理，将利润最大化作为追求目标的企业应主动承担社会责任，才能提升企业信誉，进而获得经济效益。煤炭供应链管理要求煤炭企业在追求经济利益与提高竞争能力的同时，更加注重保护环境、节约资源以促进社会和谐发展。由于目前企业的绿色供应链意识还较薄弱，加之绿色供应链管理的短期效益不显著，因此想更大范围地实施煤炭绿色供应链管理，不仅需要企业的努力，也需要全社会的支持和共同努力。

（3）可持续发展需要对煤炭供应链绿色化的驱动作用。

企业伦理学认为，获得竞争优势和追求利润最大化只是企业的经营目标之一，企业的经济行为同样要符合人类社会可持续发展的需要。煤炭企业实施绿色供应链既顺应了可持续发展的要求，也是企业获取经济效益、构建良好企业形象、提升企业信誉的重要途径，这必将给实施绿色供应链的煤炭企业带来其他企业所没有的竞争优势。因此，煤炭企业实施绿色供应链管理既是企业寻求经济效益的必然选择，也符合整个人类社会和企业经济可持续发展的需要。

（4）企业绿色管理水平对煤炭供应链绿色化的驱动作用。

绿色管理指的是企业以消除和减弱产品对生态环境的不利影响为前提，以满足消费者需求为中心，为达到企业目标而开展的一系列管理活动[94]。可见，绿色管理是将企业的经济效益与生态效益统一起来的生产经营过程。绿色竞争优势的含义是：企业通过为消费者提供绿色产品或服务的同时将企业自身利益与为消费者与社会创造价值融为一体，并在这个过程中为企业带来强有力的竞争地位[95]。因此，这个强有力的竞争地位就是绿色竞争优势。而企业的绿色管理水平越高，企业的绿色化能力越强，绿色文化程度越高，企业兼顾生态效益与经济利益的能力也就越强，所创造竞争优势也就越明显。具有明显的竞争优势可以给企业带来经济效益，提高企业竞争力，使其在激烈的竞争中处于不败之地。因此，煤炭企业的绿色管理水平、企业的绿色文化水准通过影响企业在实施绿色供应链过程中所获得的经济效益来影响企业实施绿色供应链的意愿。

煤炭企业领导层的价值观和绿色理念培育与宣传，让实施绿色供应链管理为社会和企业所带来的长期回报和经济效益被每个员工所认知，以激发企业员工参加绿色管理活动的积极性。首先，煤炭企业领导层的价值观和信念以及企业对绿色理念的培育与宣传，每年对环保的投入，员工的绿色意识都会影响着企业的绿色管理水平；其次，绿色供应链要求煤炭企业必须具备先进的煤炭开采技术、煤炭深加工技术、洁净煤技术和污染处理技术这些条件。同样的，煤炭企业对已有煤炭开采技术进行全面改造和升级，即煤炭的综合利用水平能为实行绿色供应链管理提供技术上的支持。

3.2.2 内部制约的作用机制

从影响煤炭绿色供应链的内部动因分析可知，煤炭绿色供应链管理的内部驱动因素包括经济效益、社会责任、可持续发展需要以及绿色管理水平等。而亚当·斯密所谓的“理性经济人”是指个人在一定约束条件下实现自己的效用最大化，他认为人的行为动机根源于经济诱因，每个人都要争取最大的经济利益。因此，煤炭企业作为理性的“经济人”，经济诱因才是决定其是否愿意实施煤炭绿色供应链管理的根本原因。实施绿色供应链管理所带来的经济效益、所投入的成本以及企业自身的绿色管理水平是影响企业供应链绿色化战略实施意愿水平的决定性因素。然而，由于目前绿色供应链管理在我国并未广泛得到认可，相应的，企业的绿色技术与绿色管理水平也不高，因此，企业实施煤炭绿色供应链管理的经济效益在短期内表现得并不那么明显。与此相反，为完成供应链绿色化战略必须引进新技术或设备以及建立绿色管理方案以求改善煤炭供应链的环境效果，这些措施所导致的供应链成本提高还会缩减煤炭企业有限的利润空间。因此，影响煤炭绿色供应链管理的内部制约主要包括企业投入成本增加和企业自身实力不足等。

（1）投入成本增加对煤炭供应链绿色化的制约作用。

有投资才有收益，有投入才有产出。任何的经济行为都要付出成本，煤炭企业实施供应链绿色化战略也是如此。相对于传统的煤炭供应链系统，煤炭绿色供应链的额外创收就来自其投入绿色化行为成本的创收。改革传统的供应链运行模式需要完善供应链基础设施建设，引进或研发新技术并将其运用到实际操作中，制订相应的绿色管理制度并将其实施到现实管理中，所有的这些措施都需要资金、人力的投入，这些经济行为必将导致环境处理成本的上升。因此，在大多数情况下，企业实施绿色供应链的投入成本肯定会高于同时期实施传统供应链管理的平均成本。此外，由于煤炭绿色供应链的短期效益不是非常明显，因而投入绿色供应链的成本不能立刻得到补偿，成本的增加必将打击煤炭企业供应链绿色化的积极性和信心，进而影响煤炭企业实施绿色供应链的意愿水平，成为制约煤炭绿色供应链实施和发展的主要内部障碍。

（2）企业实力不足对煤炭供应链绿色化的制约作用。

通过实施供应链绿色化战略所获得的环境绩效改进而得到的经济效益不会立即显现，也就是说，煤炭绿色供应链的短期效益不明显。而改革传统供应链模式不是一朝一夕就能够完成的，而是需要企业长期的成本投入，因此，企业的实力保证就显得格外重要。企业的资金能力、生产能力、企业技术水平、管理水准和营销水平等多方面的综合实力构成了企业实力，而不同的企业由于资金实力的不同其绿色供应链实施意愿也会有所不同。显而易见，国有大型煤炭企业集团由于资金实力雄厚，生产能力强，技术水平和管理水平高，其实施和发展供应链绿色化战略的意愿水平也较高；相反，一些规模中等或偏下的煤炭企业由于资金实力较弱、生产能力较差、技术水平和管理水平较低，其实施绿色供应链管理的意愿水平也较低。

综上所述，煤炭企业供应链绿色化内部影响因素的作用机制如图3.2所示。

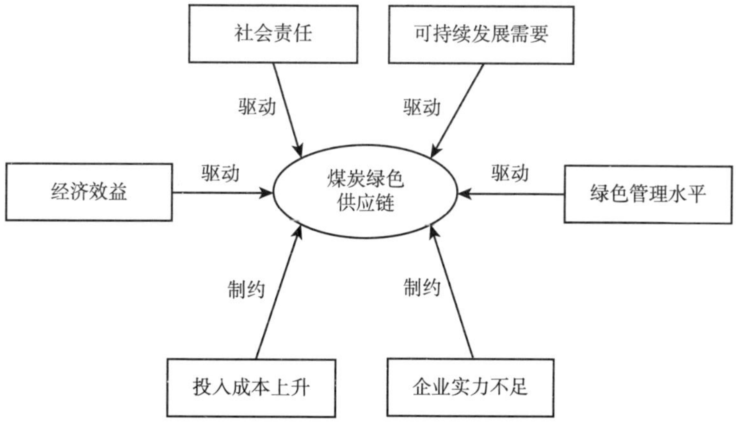

图 3.2 煤炭绿色供应链内部影响因素作用机理

3.3 煤炭绿色供应链外部影响因素分析

煤炭绿色供应链外部影响因素主要来自政府政策法规、市场和社会公众等，他们共同作用影响着煤炭企业绿色供应链管理的实施和发展。

3.3.1 资源环境的作用机制

作为煤炭主要产国之一，我国煤炭探明可开发的剩余总储量为1145亿吨。然而这个情况不容乐观，因为我国人口基数过大，导致我国人均能源资源占有量相对较低。而且由于管理不善，在煤炭供应链的开采、生产加工、储运、消费的过程中出现了严重浪费、生态破坏、环境污染等问题。煤炭资源短期的不可再生性以及生态、环境的破坏现状成为我国煤炭行业发展的重要制约。面对资源短缺和环境污染的巨大压力，煤炭企业必须选择新的运营模型，包括供应链管理方式。

世界各国都必须选择走可持续发展战略，把发展生态经济、循环经济、低碳经济作为首要目标。因此，煤炭企业想要生存和发展就必须顺应形势，设计绿色供应链。

3.3.2 政府政策法规的作用机制

随着环境问题的日益突出以及能源的日益短缺，人们越来越关注生产活动对环境造成的影响，人类也将更多的财力、物力、人力投资到环保中。作为企业行为的方向标，各国的政府部门也开始积极行动，投身环保活动中。在世界范围内，许多国家都开始意识到绿色供应链的重要作用，特别是西方发达国家，将现代供应链发展的重点放在绿色供应链的实施和发展上。政府作为企业实施绿色供应链的重要引导者，有必要积极制订相应的政策法规去推动各行业实施供应链绿色化战略，努力创造良好的外部环境以推动绿色供应链的发展，同时，这也是符合可持续发展的必然要求。

为了表明政府政策法规对煤炭绿色供应链的推动作用，以下分别从政府编制供应链规划及标准、法规约束、政策引导、技术支持和绿色理念传播这几部分进行阐述。

（1）编制供应链规划和标准。

众所周知，我国法律具有规范性，政府部门应将煤炭供应链发展写入经济发展的整体战略目标中，委托煤炭相关协会或供应链发展的相关组织等制订煤炭供应链发展规划和产业发展政策，规范供应链标准，以市场经济规律和煤炭行业科学发展为依据，突破地域、行业和部门的局限，按照大范围、绿色化的思路规划和设计我国煤炭供应链网络，构建合理的煤炭供应链体系，以提高煤炭供应效率，并力求缩减煤炭供应链管理的环境投入成本[96]。同时，政府部门应积极完善绿色供应链的基础设施，改善供应链设施条件，鼓励和支持供应链行业节能减排，努力发展绿色供应链。

近年来，我国政府也意识到供应链标准化建设存在较为严重的滞后问题，于是政府开始积极规范供应链标准化管理，让供应链在设计、规划与运输等方面尽快与国际标准接轨，力求以标准化推进供应链绿色化。当然，政府也应该多制订和实行如《煤炭工业污染物排放标准》等具体规定排放标准的政策法规，加快完善各类运输工具的污染物排放与能源消耗标准，强制约束供应链管理中的资源过度消耗及环境污染行为。政府编制绿色供应链规划和规范绿色供应链标准，指明了煤炭供应链未来的发展方向。

（2）国家法律法规约束。

由前面的分析可知，传统供应链实施过程中不可避免地导致了资源的浪费和环境的污染。由于我国法律也具有强制性，因此，为制约煤炭供应链对环境造成的非绿色影响，政府应制订相关的政策法规，加强对煤炭企业供应链管理的监督与规制。迄今为止，一系列有关环境污染的政策法规已在我国国内颁布并实施，如：《环境保护法》《海洋环境保护法》《清洁生产促进法》《环境噪声污染防治法》《环境影响评价法》《规划环境影响评价条例》《建设项目环境保护管理条例》。然而，虽然有关环境污染和治理的法律有多部，但是针对供应链环境方面却没有出台非常明确的政策法规，仅依靠环保法规中的若干相关条款来规制企业供应链行为显然是不够的，特别是目前因供应链活动所造成的环境问题越发引起人们的注意和供应链标准化建设存在滞后的问题。由此可见，现阶段政府部门应尽快制订新的有针对性的政策法规并严格落实，从宏观的角度监管和控制煤炭供应链管理活动，特别要严格控制供应链的污染发生源、储运过程中对水、大气、土壤的不利影响，尽量削弱其对环境的非绿色影响。

（3）政府政策激励引导。

虽然政府可以利用我国法律的强制性来约束企业的供应链行为，但是单纯地依靠法律法规的强制性来对企业的供应链行为进行约束显然是不够的，也是不科学的。作为企业行为的方向标，政府部门制定的政策会引导企业的行为。因此，政府部门应制定和完善相应的政策，激励和引导煤炭企业实行供应链绿色化战略，使煤炭企业实施和发展绿色供应链的自觉性得以激发，提高煤炭企业实施供应链绿色化战略的积极性。比较常见的激励政策有以下几种。

①税收调节。

利用税收调节以达到对煤炭绿色供应链的激励引导主要可以从两个方面入手：一方面，就煤炭供应链对环境造成的非绿色影响实行税收制约，设置合理、科学、明确的污染税收比例，以达到制约和规范煤炭企业供应链行为的目的；另一方面，对煤炭企业的绿色供应链行为给予税收优惠，以鼓励和支持企业的供应链绿色化战略。由于改革传统的供应链模型、建立绿色供应链新模式需要大量的成本，为了激发煤炭企业实施绿色供应链管理的积极性，政府可以通过减免税收的方式对实施绿色供应链管理的煤炭企业进行税收补贴。特别是这种差别税收的待遇，使实施绿色供应链管理的优势更为明显，作为“理性经济人”的企业会根据利润最大化的原则来决定实施怎样的供应链管理方式。政府通过转移支付的方式，将从惩罚传统供应链的一部分税收作为补贴给予实施绿色供应链的企业，将另一部分作为政府鼓励绿色产业发展的投资资金。

②绿色补贴。

通过前面分析可以看出，煤炭企业发展和实施绿色供应链管理需要投入大量的人力、物力和财力，而且绿色供应链的短期效益并不十分明显，需要经过一段时间才能显示出其显著的竞争优势，也就是说，因实施绿色供应链而增加的企业成本在短期内企业无法从市场经济得到直接的补偿。因而，为了鼓励煤炭企业发展和实施绿色供应链，政府应对煤炭绿色供应链给予必需的财政补贴。政府可以利用绿色补贴政策对无污染或低污染的运输工具进行补贴，鼓励运输工具使用新型的无污染的燃料。同时，政府还可以通过降低绿色运输方式的费用来鼓励企业选择低污染的运输方式等。

③产业引导。

为了给煤炭绿色供应链的实施和发展提供良好的外部条件和外围环境，政府应为煤炭供应链产业的发展提供支持并进行强化管理。首先，为了避免重复建设所造成的资源浪费，政府部门应推进供应链产业社会化的发展进程，从宏观上对供应链网络进行合理规划；其次，为了给绿色供应链产业的发展提供设备支持，政府部门应对煤炭绿色供应链的基础设施建设提供政策引导和资金支持；最后，为达到供应链资源共享的目的，政府应重视供应链信息网络的建设和供应链信息化的推广，为提高供应链信息化水平提供支持。

④技术引导支持。

实施和发展煤炭绿色供应链，必须改革传统的煤炭供应链模式，这就需要引进新技术。然而，由于我国绿色供应链起步较晚，仍处于初始阶段，有关绿色供应链的先进技术从国外引入的少，自主研发的更是寥寥无几，因此，现阶段这方面技术的缺失已经成为制约我国煤炭绿色供应链发展的主要“瓶颈”。为了帮助相关企业尽快突破技术缺失这一关键关卡，政府部门应制订相应的政策法规，引导绿色供应链技术的开发与应用。

⑤绿色理念传播。

由于绿色供应链在我国的发展正处于原始阶段，学术界研究绿色供应链的文章并不多，将绿色供应链真正地运用到实际生产上的企业就更少了。因此，虽然大家有很强的绿色消费意识，但大多数人对供应链发展的绿色理念知之甚少，因此加强绿色供应链理念的传播成为政府应该承担的另一重要任务。政府通过建立相应的政策法规，加大宣传力度，使绿色供应链理念得以广泛传播。为使其意识到实施和发展绿色供应链管理是企业社会责任的一部分，政府应引导企业树立绿色供应链价值观，并让其明白实施绿色供应链有利于企业树立良好的社会形象，获取社会价值。另外，通过绿色供应链理念的广泛传播，绿色供应链逐渐深入人心，无形中影响消费者的偏好，进而推进企业实施绿色供应链管理。因此，有必要在全社会范围内传播绿色理念。

3.3.3 市场需求引导的作用机制

引导绿色供应链发展的原动力是绿色市场需求。随着人类社会的不断进步和社会经济的不断发展，人类社会的文明程度也随之提高。人们在追求经济发展的过程中，既越来越注重生活品质的提高，也越来越重视生态环境的改善。绿色消费逐渐成为一种自发行为受益于绿色消费观念的快速普及。要完成消费就必须通过流通来实现，因此，煤炭要实现从绿色开采到绿色消费，必须完成供应链的绿色化。因此可以说，绿色消费也是绿色供应链实施的内在动力，而绿色消费需求也离不开绿色供应链服务。

（1）市场可以通过改变消费者偏好，引导煤炭绿色供应链发展。

消费者偏好是指消费者对一种商品（或者商品组合）的喜好程度。消费者根据自己的意愿对可供消费的商品或商品组合进行排序，这种排序反映了消费者个人的需要、兴趣和嗜好。而消费偏好是指消费者对特定的商品、商店或商标产生特殊的信任，使其重复、习惯地前往一定的商店，或反复、习惯地购买同一商标或品牌的商品。当消费者对某一产品或品牌形成消费偏好时，进行消费时常常在潜意识的支配下去消费该产品或该品牌的商品[97]。企业一方面要提供优质的绿色煤炭产品；另一方面也要向消费者宣传绿色煤炭产品的优势及绿色消费的重要性，让消费者形成消费偏好，让绿色消费不仅成为一种承担社会责任的义务，更成为一种时尚。这样便能拉动绿色经济的发展，为实施绿色供应链的煤炭企业带来经济效益，进而提高了煤炭企业实施绿色供应链的意愿水平。

（2）通过市场机制，诱导煤炭绿色供应链发展。

市场机制是指通过市场竞争配置资源方式，即资源在市场上通过自由竞争与自由交换来实现配置的机制，也是价值规律的实现形式。市场机制的反应比较敏捷，因此市场机制中近乎无穷多的市场主体随时都在关注着市场信息，以便及时捕捉到市场的微妙变化，然后每一个主体根据自己获得的信息进行自己的判断，采取不同的策略[98]。随着我国市场机制的日渐完善，加之供应链绿色化会促成更为合理的资源配置，因此市场机制自然会形成资源优先配置于绿色供应链上的导向。应努力发挥市场机制的作用，引导煤炭企业变革传统的供应链运行模式，鼓励煤炭企业实施绿色供应链管理，并从中受益，进而激发其实施供应链绿色化战略的积极性，提高其实施绿色供应链的意愿水平。

3.3.4 公众压力的作用机制

居民、媒体、行业协会、非政府组织等利益相关者代表着广大的社会公众[99]。社会公众可以通过多种途径给煤炭企业施加环境压力，促使煤炭企业响应并意识到环境压力，进而采取相应的绿色措施。社会公众通过公众参与将环境压力传达给煤炭企业，使煤炭企业意识到环境压力进而积极采取相应绿色行为决策。此外，政府规制供应链活动也是公众舆论要求。

煤炭企业承受的社会公众压力随着人类环保意识的加强而增大，其实施绿色供应链管理的需求也会越来越明显。由此可见，由于环保战略的全面开展受到社会公众的环保意识及其相应的行动影响，公众压力对绿色供应链的实施具有重大意义。

综上所述，外部影响因素对煤炭企业供应链绿色化的作用机制如图 3.3 所示。

3.3.5 煤炭绿色供应链影响因素作用机理概念模型

通过前面对影响煤炭绿色供应链因素的分析，将煤炭绿色供应链影响因素分为外部影响因素和内部影响因素，具体内容参见图 3.4。

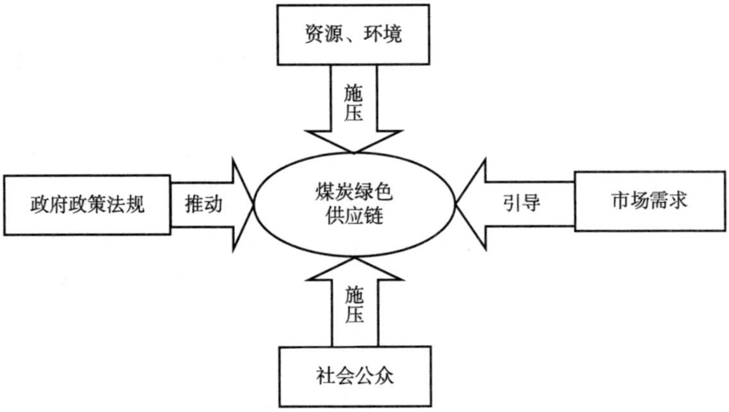

图 3.3　煤炭绿色供应链外部影响因素作用机理

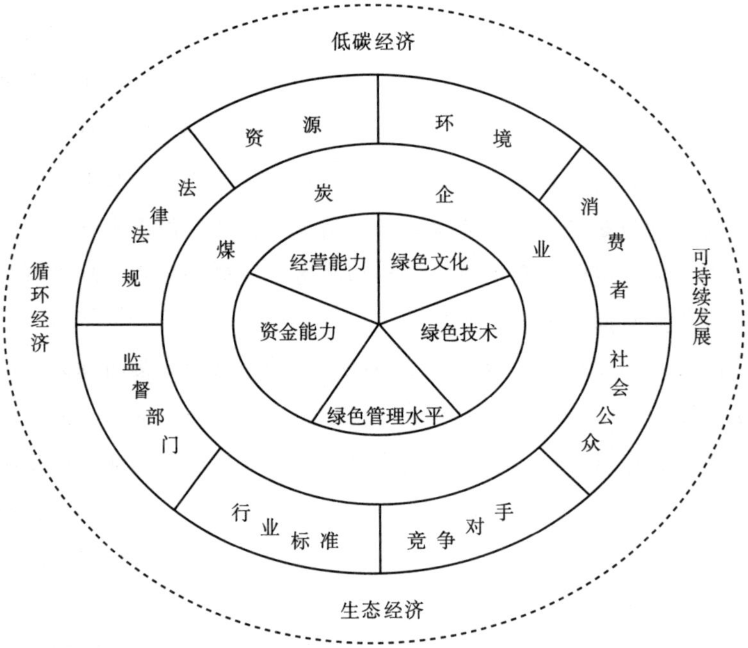

图 3.4　煤炭绿色供应链影响因素

而煤炭绿色供应链的行为主体包括企业、政府、市场和社会公众，它们相互影响、相互制约，共同作用煤炭供应链绿色化的实现过程，如图 3.5 所示。

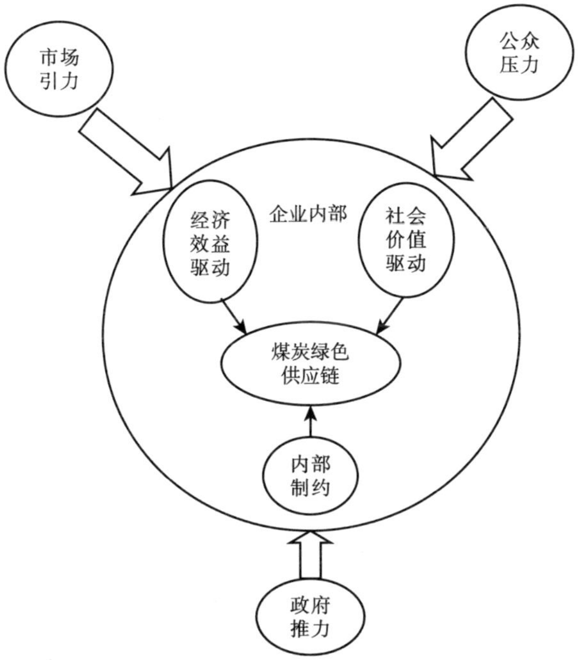

图 3.5　煤炭绿色供应链影响因素作用机制

3.4　假设检验与研究设计

3.4.1　假设检验

分析影响煤炭供应链绿色化的内外部因素可知，煤炭绿色供应链内部影响因素主要包括社会责任、可持续发展需要、企业绿色管理水平以及投入成本较高和企业实力不够所导致的内部制约等；而外部影响因素主要包含资源、环境的施压，政府政策法规的推动，市场的引导和社会公众的施压等，由于来自资源环境的压力是引发政府制订法律法规、市场资源重新配置与社会公众施压的内在动因，因此，在此就不单独将资源环境作为一个影响因素考虑。煤炭企业作为市场经济中的重要活动者，其目标是追求利润最大化，其是否愿意实施供应链绿色化战略及其意愿水平高低的主要依据绿色供应链行为是否会帮助企业能够获取经济效益，提高企业竞争力。煤炭企业实施绿色供应链管理的直接动因应该是实施绿色供应链所带来的整体效益，因此，在前面关于煤炭绿色供应链实施影响因素分析的基础上，结合有关文献，提出如下研究假设：

H1：企业实施绿色供应链的内部制约与绿色供应链整体效益具有显著负相关关系；

H2：企业绿色管理水平与绿色供应链整体效益有显著正相关关系；

H3：承担社会责任与绿色供应链整体效益具有显著正相关关系；

H4：可持续发展需要与绿色供应链整体效益具有显著正相关关系；

H5：外部条件与绿色供应链整体效益具有显著正相关关系；

H6：外部相关主体与绿色供应链整体效益具有显著正相关关系；

H7：政府政策法规与实施绿色供应链意愿具有显著正相关关系；

H8：绿色供应链整体效益与绿色供应链实施意愿具有显著正相关关系。

根据前面对影响煤炭企业绿色供应链的内外部因素作用机制的分析以及假设检验的提出，研究框架和假设结构如图 3.6 所示。

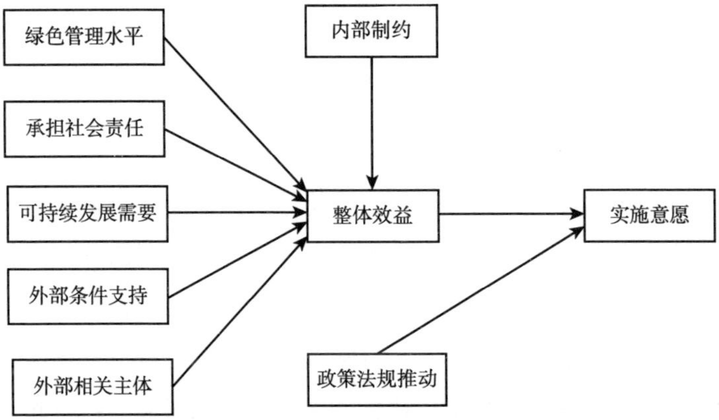

图 3.6　煤炭绿色供应链影响因素与实施意愿的假设关系

3.4.2 研究方法和数据来源

3.4.2.1 研究方法

本书根据结构方程模型的指标编制了调查问卷，通过发放问卷调查的方式来获取数据。接着运用因子分析、可靠性检验，并据此剔除与实际不相符的题项，然后验证结构方程模型以及结构方程模型中各影响因素之间关系的正确与否。

（1）结构方程模型简介。

结构方程模型（Structural Equation Modeling，SEM）是利用变量的方差—协方差矩阵来分析变量之间关系的一种验证性多元数据分析工具，它包含方差分析、回归分析、因子分析和路径分析。结构方程模型是一种统计分析技术，它用线性方程系统表示已知的因果理论。探索事物间因果关系并将这种关系用因果模型、路径图等表述是结构方程模型的目的[100]。它不仅可以估计测量过程中指标变量的测量误差，也可以评估测量的信度和效度，并且可以同时估计模型中的观察变量、潜在变量。

（2）结构方程模型原理。

一般来说，一个完整的结构方程模型由测量模型和结构模型两部分组成。结构模型是描述潜在变量之间的结构关系的模型；而测量模型是描述观察变量与潜在变量之间的测量关系的模型。

测量模型：

$$x = \Lambda_x + \delta \tag{3-1}$$

$$y = \Lambda_y + \varepsilon \tag{3-2}$$

结构模型：

$$\eta = B\eta + \Gamma\xi + \zeta \tag{3-3}$$

其中，各字母表示意义如下：

x——外因观察变量；

ξ——外因潜在变量；

Λ_x——外因观察变量在外因潜在变量上的因子载荷矩阵，描述外因观察变量与外因潜在变量之间的关系；

δ——外因变量的误差项；

y——内因观察变量；

η——内因潜在变量；

Λ_y——内因观察变量在内因潜在变量上的因子载荷矩阵，描述内因观察变量与内因潜在变量之间的关系；

ε——内因变量的误差项；

B——路径系数，描述内因潜在变量之间的相关关系；

Γ——路径系数，描述外因潜在变量对于内因潜在变量值的影响；

ζ——结构方程的误差项。

（3）结构方程模型适配度指标。

结构方程模型的一般分析步骤包括模型构建、模型拟合、模型评价和模型修正等。结构方程模型的作用原理是利用协方差矩阵来进行模型的拟合。为了评价假设的结构路径图与搜集的样本数据是否相互适配以及假设的理论模型与实际样本数据的一致性程度，可以通过对比假设模型隐含的协方差矩阵与样本数据导出的协方差矩阵之间的差异。也就是说，若假设模型相对于收集的样本数据是合理的，那么假设模型隐含的方差—协方差矩阵与样本数据的方差—协方差矩阵的差距应该较小，即残差矩阵中各个元素数值应接近于零。基于这一思想，前人构建了结构方程模型的适配度指标（也称拟合指数）。

为评估假设模型和实际样本数据是否契合，需要考虑模型基本适配度指标、整体模型适配度指标和模型内在结构适配度指标三个方面的适配度情况[101]。

在模型基本适配度指标检验方面，Bogozzi 和 Yi（1988）提出了多个准则，本书根据研究的需要主要选择以下几个标准作为参照指标：

①估计参数中不能有负的误差方差，且达到显著性水平；

②所有误差变异必须达到显著水平（t 值 >1.96）；

③不能有很大的标准误。

在整体模型适配度指标方面，根据邱皓政（2004）提出的结构方程模型拟合度判别原则所提供的一系列评价指标，本书选定以下指标来评价本研究模型整体适配度[102]：

①CMIN/DF：卡方值与自由度的比值。该卡方值考虑了模型的自由度。卡方自由度比值越小，说明假设模型的协方差矩阵与观察数据的适配度越大，反之模型的适配度就越差。一般而言，CMIN/DF 介于 1~3 之间表明假设模型与样本数据的契合度可以接受。

②RMSEA：渐进残差均方和平方根。衡量假设模型与样本数据之间差异的指标。一般情况下，0 < RMSEA < 1，RMSEA 越小越好，越接近 0 表明样本数据与假设模型协方差矩阵中要素的评价误差越小，假设模型的整体拟合优度就越好。一般认为，当 RMSEA < 0.08 时表示模型拟合程度可以接受，当 RMSEA < 0.05 时表示模型适配度佳。

③GFI：适配度指数。观察矩阵中的方差与协方差可以被复制矩阵预测到的量用 GFI 来显示。GFI 的值介于 0~1 之间，当数值越接近 1，表明假设模型与实际数据的适配度越佳；反之，GFI 值越小，表明假设模型与实际数据的适配度越差，一般情况下要求 GFI > 0.9。

④NFI：规准适配指数。一般而言，CFI 值介于 0~1 之间。其值越接近 1 表明模型适配度越佳；反之，越接近 0 就越差。一般要求 NFI > 0.9。

⑤NNFI：非规准适配指数。一般而言，CFI 值介于 0~1 之间。

其值越接近 1 表明模型适配度越佳；反之，越接近 0 就越差。一般要求 CFI >0.9，NNFI >0.9。

⑥CFI：比较适配指数。该指数即使用于拟合小样本模型的效果也较佳，因为它是与独立模型进行比较来评价适配度。一般而言，CFI 值介于 0 ~ 1 之间，越接近 1 表明模型适配度越佳；反之，越接近 0 就越差。一般要求 CFI >0.9。

在模型内在结构适配度指标方面，根据需要我们选择以下两个指标作为评判标准：

①所估计的参数均达到显著水平，即 P 值 <0.05，t 值 >1.96。

②修正指标小于 3.84，即 MI <3.84。

根据需要和指标的代表性能力，在模型基本适配度指标、整体模型适配度指标和模型内在结构适配度指标中各选了上述这些指标构成本书假设模型的评价指标体系，以检验假设模型与实际数据的拟合程度。

但是，在进行模型适配度的评价时需要注意适配度指标是考察假设的理论模型与实际样本数据的拟合程度，并不能保证一个模型是有用的，所以它不应是检验模型成立与否的唯一判断依据。当模型的适配程度高时，该模型只能作为参考，要判断模型是否有实际意义，还需要考虑与所研究问题相关的背景知识判定模型的合理性。

3.4.2.2 数据来源和调查问卷

（1）数据来源。

根据绿色供应链的基本内容、国内外绿色供应链管理的相关经验，以及专家的意见，本次调查对象主要包括资金实力雄厚、在我国煤炭行业中具有明显竞争优势的大型国有煤炭企业集团，包括神华宁煤、陕煤集团、陕西煤业化工集团、陕西中能煤田有限公司等。选择大型国有煤炭集团的主要原因是它们基本代表着我国煤炭行业的发展水平，应当承担更大的社会责任，其绿色供应链管理水平和意识水平在行业里最具代表性，因此，其调查问卷分析结果对国家绿色供应链政策的制定更具现实意义。

数据收集方式是利用网络，将300份调查问卷通过电子邮件直接传送给上述集团企业的相关人员（主要包括煤炭企业内部高管人员和相关技术人员），回收了245份问卷，其中有效问卷220份，有效率为89.8%。

（2）调查问卷。

在问卷设计方面，除了企业的基本信息外，其他所有指标的测量标准皆采用李克特量表形式，分别将“非常不赞成”“不赞成”“不确定”“赞成”“非常赞成”记为1、2、3、4、5分。本书尽量采用已有研究中被证明有效的题项和量表以保证测量的有效性。有题项需要被修改或新增时，则先综合参考相关文献，并和业内人士以及相应的专家学者反复讨论和多次修改后确定（见附录1）。调查问卷包括五个部分，分别为煤炭企业构建绿色供应链系统的内部影响因素表、煤炭企业构建绿色供应链系统的外部影响因素表、煤炭企业构建绿色供应链系统所带来的效益表、煤炭企业构建绿色供应链系统意愿表以及企业的基本信息表，共包含35个测量题项。

①内部影响因素表（NB1～NB8）。

该部分共设置了11个题项，主要参考了Tibor和Feldman（2006）对实施新环境管理的主要原因的调查题项[103]，并结合了煤炭企业的实际情况自制设计了部分题项。其中，实施绿色供应链的内部制约有3个测量题项，测量企业资金实力、成本投入对绿色供应链的影响；企业绿色管理水平有3个测量题项，就企业决策者及其员工的绿色供应链管理意识进行测量；企业承担社会责任的测量题项有3个；就可持续发展需要对绿色供应链管理的影响也设计了2个题项。

②外部影响因素表（WB1～WB13）。

企业外部影响因素主要体现在外部条件、外部相关主体和政府政策法规的影响。设计该题项时，主要参照了Sarkis（2003）对绿色供应链管理的战略要求[104]，并部分采用了对李爱彬（2012）绿色物流外部压力影响因素研究题项的部分内容[105]，再加上自行设置的部分题项，共13个题项，就政府政策法规、市场引导、社会公众等相关利益者对企业实施绿色供应链管理的影响进行测量。

③实施绿色供应链管理的效益表（XY1～XY6）。

设计该部分调查题项时，主要参考了Gifford（2007）对绿色供应链的价值[106]以及Javier和Oscor（2006）对企业实施绿色供应链外部压力研究成果[107]，并参照煤炭企业发展循环经济的实际情况，共设有6个测量题项，不仅涵盖对煤炭企业实施绿色供应链管理可取得的直接经济效益，而且包括企业实施绿色供应链管理产生的间接效益。

④实施绿色供应链管理的意愿表（YY1～YY5）。

该部分调查表由5个题项组成，是依据煤炭企业供应链实际情况自行编制而成的，测量了企业对绿色供应链的态度、企业绿色供应链开发技术以及企业绿色供应链的行为等方面。

⑤企业基本信息。

在设计此部分调查内容时，主要参考我国企业划分标准，调查内容涵盖企业成长年限、企业的性质、资产总额、员工人数等企业规模信息。

3.5 数据分析

3.5.1 效度分析

所谓效度（validity）是指测量工具确能测出其所要测量特质的程度，即测量的有效性程度，或者简单地说是指一个测验的准确性、有用性。在社会测量中，对作为测量工具的问卷或量表的效度要求较高。判断效度一般分为3步。第一，明确测量的目的与范围；第二，考虑所要测量的内容并分析其性质与特征；第三，通过检查测量的内容是否与测量的目的相符来判断测量结果是否反映了所要测量的特质的程度。一般情况下，效度主要包括内容效度、结构效度与效标效度三种类型。在科学研究中最常分析的就是内容效度和结构效度[108]，因此，本调查问卷的内容效度和结构效度是检验内容。

（1）内容效度分析。

内容效度（content validity）是指为确定测验是否是所欲测量的行为领域的代表性而抽样测验题目对有关内容或行为取样的适用性。对于本书设计的调查问卷的内容效度，首先分析了相关文献并整理了国内外学者的相关研究成果设计出初始样稿，然后再与相关方面的专家学者、煤炭企业内部的管理人员等进行深入探讨、重新修订题项，从而使调查问卷的测试题项能够如实反映煤炭供应链的实际情况。并且，选取了煤炭企业内部高级管理人员与相关技术人员作为问卷填写人，原因在于他们较为熟悉煤炭供应链的运作与管理模型。由此可见，本调查问卷量表的内容效度较高。

（2）结构效度分析。

结构效度（Construct Validity）是指测量结果体现出来的某种结构与测量值之间的对应程度。本书采用因子分析法来分析调查问卷量表的结构效度。因子分析法是一种多元统计分析方法，它根据研究指标相关矩阵内部的依赖关系，用少数几个不相关的综合因子描述那些信息重叠、具有错综复杂关系的变量。如果量表的累积方差贡献率大于50%，公因子方差超过0.40，并且各个因子载荷均超过0.5，则表明该量表结构效度较好[109]。

应用SPSS 24.0软件进行因子分析，判断数据是否适合进行因子分析主要利用KMO检验和Bartlett's球型检验。研究结果表明，内部影响因素、外部影响因素、绿色供应链效益、绿色供应链实施意愿四个构面的 KMO 分别为 0.695、0.806、0.837 和 0.753，均接近或超过 0.7，按照统计学家 Kaise 提出的标准可知，本调查问卷的数据适合做因子分析。此外，四个量表的 Bartlett's 球型检验的概率皆为 0.000，明显小于显著性水平 0.05，拒绝 Bartlett's 球型检验的零假设，因此有理由认为研究变量适合做因子分析。

完成初步的因子分析后，依据公因子方差超过 0.4 且因子载荷超过 0.5 的准则，将 NB2、WB3、WB6、XY2、XY3、YY1 等不符合条件的测量题项予以删除（具体过程参见附录 2），得到 29 个测量题项作为正式研究数据。接着利用主成分分析法提取出公共因子，依照特征值大于 1 的原则抽取主成分，并依据“最大方差法”进行旋转后，由因子载荷绝对值大于 0.5 的题项构成各公共因子，得出累积方差贡献率及旋转后的因子载荷矩阵如表 3.1、表 3.2、表 3.3、表 3.4 所示。由此可见，本研究问卷的结构效度良好。

表 3.1　　内部影响因素测度因子载荷矩阵

指标	因子 1	因子 2	因子 3	因子 4
NB1		0.677		
NB3			0.787	
NB4	0.685			
NB5		0.792		
NB6		0.781		
NB7				0.795
NB8				0.802
NB9	0.792			
NB10	0.857			
NB11			0.770	
特征值	2.047	1.799	1.703	1.393
累积方差贡献率（%）	18.607	34.965	50.443	63.111

注：提取方式为主成分分析。

表 3.2 外部影响因素测度因子载荷矩阵

指标	因子 5	因子 6	因子 7
WB1	0.647		
WB2	0.690		
WB4			0.603
WB5		0.767	
WB7	0.669		
WB8	0.653		
WB9	0.670		
WB10			0.841
WB11		0.662	
WB12		0.842	
WB13			0.689
特征值	2.474	2.241	1.820
累积方差贡献率（%）	22.495	42.872	59.418

注：提取方式为主成分分析。

表 3.3 绿色供应链效益测度因子载荷矩阵

指标	因子 8
XY1	0.825
XY4	0.873
XY5	0.826
XY6	0.801
特征值	2.766
累积方差贡献率（%）	69.157

注：提取方式为主成分分析。

表 3.4 绿色供应链实施意愿测度因子载荷表

指标	因子 9
YY2	0.709
YY3	0.741

续表

指标	因子 9
YY4	0.662
YY5	0.749
特征值	2.052
累积方差贡献率（%）	51.298

注：提取方式为主成分分析。

分析结果表明，所选取的题项可提取 9 个公因子，根据各公因子所涵盖的测量题项给予适当命名。将因子 1 命名为内部制约，因子 2 命名为绿色管理水平，因子 3 命名为社会责任，因子 4 命名为可持续发展需要，这四个因子累积解释了内部影响因素总方差的 63.111%；因子 5 命名为政策法规，因子 6 命名为外部相关主体，因子 7 命名为外部条件，这三个因子累积解释了外部影响因素总方差的 59.418%，因子 8 命名为整体效益，这一因子解释的总方差为 69.157%，因子 9 命名为实施意愿，解释的总方差为 51.298%。

3.5.2 信度分析

信度（Reliability）即可靠性，主要是指测量结果的可靠性、一致性和稳定性，即测验结果是否反映了被测者稳定的、一贯性的真实特征。大多数情况下以相关系数表示信度指标。信度指标大致分为稳定系数（跨时间的一致性），等值系数（跨形式的一致性）和内在一致性系数（跨项目的一致性），主要讨论的就是调查问卷的内在一致性。

Cronbachs'α 系数是目前最常用的信度系数。因此，本书采用 Cronbachs'α 系数来检验测量变量的信度，以判断调查问卷的因子内部一致性的程度。并运用 SPSS 24.0 统计软件对样本数据进行内在信度分析，得出公因子信度大小如表 3.5 所示。

表 3.5　　因子信度分析结果

因子	Cronbach's α 系数
内部制约	0.713
绿色管理水平	0.701
社会责任	0.653
可持续发展需要	0.711
政策法规	0.736
外部相关主体	0.712
外部条件	0.703
整体效益	0.850
实施意愿	0.716
问卷整体信度	0.897

通常 Cronbachs'α 系数的值在 0 和 1 之间。如果 Cronbach's α 系数值不超过 0.6，一般认为内部一致信度不足；如果 Cronbach's α 系数值达到 0.7 ~ 0.8 时，说明量表具有相当的信度；如果 Cronbach's α 系数值达 0.8 ~ 0.9 时，说明量表具有非常好的信度。

由信度分析结果表可知，社会责任因子中各题项之间的 Cronbach's α 系数较低，但也到达了 0.653，还是可信的。而其他公因子测量题项之间的 Cronbach's α 系数都大于 0.7，说明问卷可靠性较大，问卷量表的内部一致性较高。问卷量表数据整体信度值达到 0.897，由此可知，问卷内部变量结构是可靠且可信的。

3.6 假设检验

3.6.1 模型构建

依据以上研究设计和假设，构建了煤炭绿色供应链影响因素作用的结构测度模型如图 3.6 所示。模型由绿色供应链整体效益、实施意愿2个内因潜在变量，内部制约、绿色管理水平、社会责任、可持续发展需要、外部条件、外部相关主体、政策法规7个外因潜在变量组成因果关系，假设路径共有8条，变量之间既存在直接关系也存在间接关系。

3.6.2 模型拟合

使用 AMOS 25.0 进行结构方程模型分析，以验证假设模型与样本数据的一致性程度，得到结构方程测度模型的各项适配指标如表3.6所示。由表可知，模型各项适配度指标符合拟合优度标准，拟合良好，是较为理想的拟合模型。

表 3.6　　测度模型各项拟合指标

测度指标	测度模型	评价标准
CMIN/DF	2.611	1~3之间
RMSEA	0.072	<0.08
GFI	0.921	>0.90
NFI	0.913	>0.90
NNFI	0.942	>0.90
CFI	0.936	>0.90

同时，也得到了如图3.7所示的结构方程全模型以及标准化的路径系数图。该图用标准化的参数估计值表示其路径系数，当检验该参数估计值异于0的P值达到显著水平时，则认为该路径关系存在，相应的假设成立。本测度模型中的8个路径系数估计值显著不等于0，具体内容参见表3.7。

表 3.7　　测度模型标准化路径估计系数

	标准化路径系数	标准差	C.R. 值	P值
整体效益←外部条件	0.521	0.090	5.830	***
整体效益←内部制约	-0.290	0.101	-4.099	***

续表

	标准化路径系数	标准差	C. R. 值	P 值
整体效益←外部相关主体	0. 293	0. 128	4. 121	***
整体效益←社会责任	0. 136	0. 174	3. 366	***
整体效益←可持续发展需要	0. 219	0. 140	1. 998	0. 042
整体效益←绿色管理水平	0. 359	0. 171	4. 386	***
实施意愿←整体效益	0. 572	0. 057	4. 855	***
实施意愿←政策法规	0. 270	0. 155	2. 695	0. 007
NB4←内部制约	0. 597			
NB9←内部制约	0. 616	0. 167	6. 695	***
NB10←内部制约	0. 832	0. 251	6. 566	***
NB8←可持续发展需要	0. 818			
NB7←可持续发展需要	0. 453	0. 228	1. 876	0. 061
NB1←绿色管理水平	0. 612			
NB6←绿色管理水平	0. 614	0. 202	5. 713	***
NB3←社会责任	0. 203			
NB11←社会责任	0. 804	0. 133	2. 503	0. 03
WB1←政策法规	0. 392			
WB2←政策法规	0. 586	0. 361	4. 638	***
WB7←政策法规	0. 722	0. 385	4. 916	***
WB8←政策法规	0. 651	0. 406	4. 799	***
WB9←政策法规	0. 634	0. 379	4. 763	***
WB4←外部条件	0. 751			
WB10←外部条件	0. 600	0. 099	6. 357	***
WB5←外部相关主体	0. 601			
WB11←外部相关主体	0. 613	0. 190	6. 642	***
WB12←外部相关主体	0. 822	0. 295	6. 551	***
YY2←实施意愿	0. 473			
YY3←实施意愿	0. 441	0. 149	4. 636	***
YY4←实施意愿	0. 437	0. 165	4. 608	***
YY5←实施意愿	0. 828	0. 290	5. 663	***
XY4←整体效益	0. 840	0. 093	12. 281	***

续表

	标准化路径系数	标准差	C. R. 值	P 值
XY5←整体效益	0.768	0.080	11.226	***
XY6←整体效益	0.737	0.077	10.753	***
WB13←外部条件	0.518	0.081	5.815	***
NB5←绿色管理水平	0.659	0.241	5.764	***
XY1←整体效益	0.756			

通过前述对测度模型的分析，可以看到所提出的假设模型得到了验证：在5%的置信水平下，各个路径系数都达到显著性水平，表明数据有效地支持了本书提出的假设H1、H2、H3、H4、H5、H6、H7、H8。

根据Coben提出了路径参数参考范围，即绝对值在0.5以上为大效果，绝对值在0.10～0.50为中效果，绝对值小于0.1为小效果[110]。由图3.7可知，内部制约通过整体效益间接对绿色供应链实施意愿产生负向影响系数为－0.165（－0.29×0.57），企业绿色管理

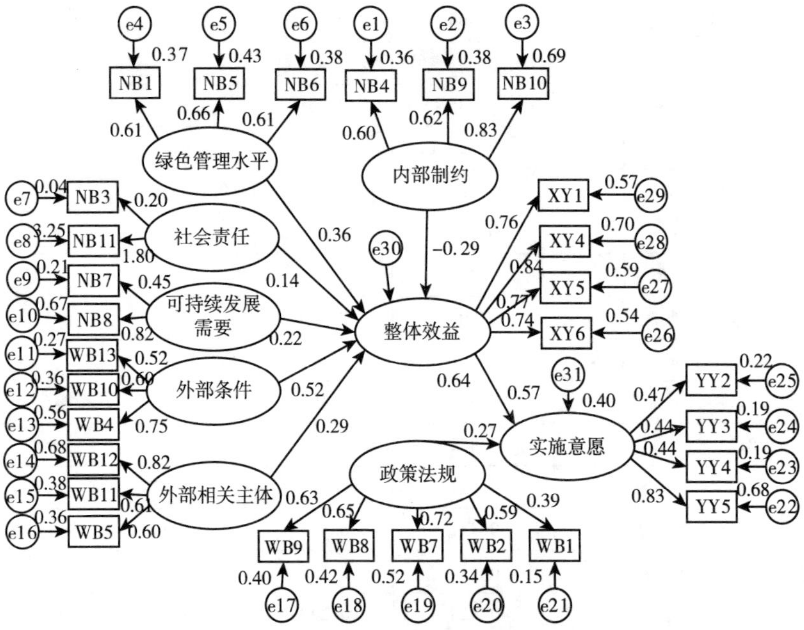

图3.7　标准化结构方程模型路径系数

水平、社会责任、可持续发展需要、外部条件以及外部相关主体对绿色供应链实施意愿的间接影响系数分别为 0.2052(0.36 ×0.57)、0.0798(0.14 ×0.57)、0.1254(0.22 ×0.57)、0.2964(0.52 ×0.57)、0.1653(0.29 ×0.57)。由此可见，正向间接影响煤炭绿色供应链实施意愿水平的因素由强到弱分别是：外部条件、绿色管理水平、外部相关主体、可持续发展需要、社会责任。政府政策法规对绿色供应链实施意愿的直接影响系数为 0.27。

3.7 结论与启示

通过实证研究和结果讨论，以煤炭企业内部因素和外部因素共同作用影响煤炭企业实施绿色供应链为切入点，以绿色供应链整体效益为媒介，得到了影响绿色供应链实施意愿水平的若干结论与启示：

（1）企业内部制约、绿色管理水平、社会责任、可持续发展需要、外部条件以及外部相关主体并不能显著直接影响煤炭企业实施绿色供应链的意愿水平，而是受到绿色供应链效益驱动，从而显著影响煤炭绿色供应链的实施意愿水平。因此，企业要想通过作用于影响煤炭企业实施和发展绿色供应链的这些因素来提高企业实施供应链绿色化战略的意愿水平必须利用这些因素对整体经济效益的影响来达到目的。

（2）政府政策法规直接显著影响煤炭企业绿色供应链实施意愿水平。可见，政策法规对煤炭企业实施绿色供应链起到关键的推动作用，因此应强化此因素的作用。政府可以利用政策法规的强制性和引导作用，制订绿色供应链相关政策，加大绿色理念的传播，以提高煤炭企业实施绿色供应链的意愿水平，进而促进煤炭绿色供应链的推广和发展。

（3）企业的资金实力越弱，实施绿色供应链管理的成本越高，获取效益越低，供应链绿色化的障碍就越大，企业实施绿色供应链管理的意愿水平也就越低。由此可见，经济因素是煤炭企业绿色供应链实施意愿的重要权衡要素。只有让实施绿色供应链管理变得“有利可图”，推动绿色供应链发展的有效机制才能逐渐建立起来，实施和发展绿色供应链管理也才有可能成为煤炭企业的自觉行动。

4 基于复杂适应系统（CAS）的大型煤业集团C-GSC系统构建

煤炭绿色供应链系统，涉及很多方面，从煤炭原材料供应、生产商、分销商乃至消费者，是一个完整的网状实体。其包含的单一经济实体具有独立决策和适应能力，同时也具有明确的经济目标、管理技术、绿色企业文化和相应的运作模式，这样的网络具备了复杂适应系统的特性。

根据前述章节的分析，煤炭企业受其自身因素和外界因素的影响较大，而在新形势下，发展煤炭绿色供应链不仅有利于煤炭企业的长期发展，对建设环境友好型、生态文明型的社会也有重要的作用。因为煤炭是不可再生资源，且对我国工业建设有着举足轻重的作用，同时煤炭的开采利用又对生态环境有着不容忽视的负面影响。因此，建设 C – GSC 系统势在必行。

4.1 复杂适应系统（CAS）理论及特征

国内许多学者把复杂适应系统理论运用于企业管理领域和供应链领域。陈蔚珠、陈禹（2004）通过复杂适应系统理论对企业信息系统项目存在的潜在的危机、管理办法及对出现的风险采取何等策略进行了分析[111]；张兵、曾珍香（2004）以 CAS 理论为基础，构建了企业注重长远发展的金字塔模型，对影响企业长远发展的经营理念、内在动力、区位优势、资源效率、规章制度、管理能力等进行了分析和总结[112]；吴绍艳、杜纲（2005）以涌现机理及 CAS 理论对企业的动态能力构建机制进行了分析和总结[113]。高效、合理的供应链可以提高企业利用资源的效率，并对市场变化做出快速的、恰当的反应，能够实现利益最大化。供应链是非常复杂的，主要是通过研究供应链中所有的企业之间和企业内部信息流、物流和资金流的相互作用，建立三者在企业之间及企业内部各环节的协调机制，并且供应链计划制定、运行及管理也受到外界环境作用[114]。供应链处在复杂的环境中，主体的随机性在系统内部寻找各种可能性的过程中起到主导作用，一些重要的整体特性是在随机和混沌过程中产生的[115]。

4.1.1　复杂适应系统（CAS）理论

霍兰（John Holland）在研究复杂系统理论时，发现任意一个大的系统必定有多个具有适用性的单体构成，在 1994 年提出复杂适应系统（Complex Adaptive Systems，CAS）理论，也称复杂性科学（Complexity Science），并在学术界引起广泛关注，此后在对各不同领域复杂系统的研究和观察中，被初步应用，在当代系统科学中成为焦点和热门讨论的话题[116]。CAS 的基本内容是：系统中的主体（Agent），具有目的性、主动性、活力（Active）、适应性，是系统中个体/元素的另一种称谓。

4.1.2　复杂适应系统（CAS）基本特征

大量各行业的行为主体在各自行业的规则或模式的相互作用下，形成了新的系统，即复杂适应系统。此系统中的主体在形式及性能方面存在着差异，但同时在主动适应环境、根据其他元素的变化调整自己的行为方面有着共同的特征，在此基础上，还能进行学习和经验的积累，并不断积累知识和经验，随着环境的变化而积极变化，实现进一步的生存和进化。因此，聚集、非线性、流、多样性、标识、内部模型及积木等成为 CAS 的基本特征，如图 4.1 所示。

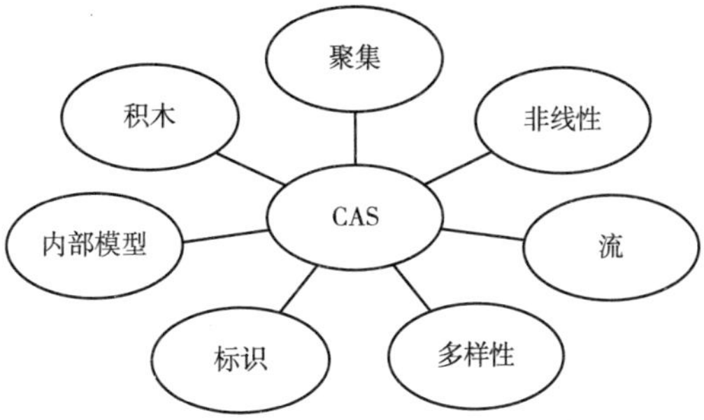

图 4.1　复杂适应系统（CAS）基本特征

这七个特征内容如表 4.1 所示。

表 4.1　　复杂适应系统（CAS）基本概念内容

CAS 的特点	内容
聚焦	主要用于个体通过“黏合”形成较大的多个个体的聚集体。由于个体具有聚集的特性，它们可以在一定条件下，在双方彼此接受时，组成一个新的个体——聚集体，在系统中像一个单独的个体那样行动。但这种聚集不是简单的合并，也不是消灭个体的吞并，而是新的类型的、更高层次上的个体的出现；原来的个体不仅没有消失，而是在新的更适宜自己生存的环境中得到了发展
非线性	指个体以及它们的属性在发生变化时，并非遵从简单的线性关系，而是主动的“适应”关系。特别是在与系统的反复交互作用中，这一点更为明显
流	在个体与环境之间存在有物资、能量和信息流，这些流的渠道是否通畅、周转迅速到什么程度，都直接影响系统的演化过程。所以，复杂适应系统的理论把对于各种流的分析，当作一个值得注意的重要问题
多样性	在适应过程中，由于种种原因，个体之间的差别会发展与扩大，最终形成分化，这是 CAS 的一个显著特点。由于个体之间存在差异性，不同个体对于环境的适应能力不同，这才使得个体之间以及个体与环境之间必然要存在更多的交互作用与适应，应使得整个系统显得非常地复杂
标识	为了相互识别和选择，个体的标识在个体与环境的相互作用中是非常重要的，因而无论在建模中，还是实际系统中，标识的功能与效率是必须认真考虑的因素
内部模型	在 CAS 中不同层次的个体都有预期未来的能力，每个个体都是有复杂的内部机制的。对于整个系统来说，这就统称为内部模型
积木块	复杂系统常常是相对简单的一些部分通过改变组合方式而形成的。因此，事实上的复杂性往往不在于块的多少和大小，而在于原有构筑块的重新组合

4.1.3　基于复杂适应系统的 C－GSC 系统特征分析

由于 C－GSC 系统具有复杂适应系统的特征，具体体现如图 4.2 所示。

根据 CAS 理论的 7 个基本特点，C－GSC 系统的特征如表 4.2 所示。

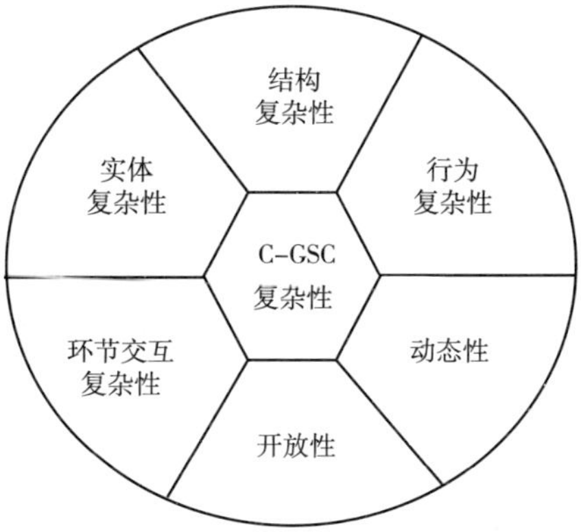

图 4.2　C－GSC 系统特征

表 4.2　　CAS 特征在 C－GSC 系统的体现

CAS 理论中的基本概念	C－GSC 发展演化的特征
聚集	绿色供应链上各主体之间的聚集，包括：绿色技术、绿色企业文化、新型设备使用等，具有很强的抗外界风险的能力
非线性	煤炭绿色供应链上各主体的发展路线和性质特征以及供应链系统的性质都是在动态变化的
流	C－GSC 内部存在着物流、资金流、知识流、信息流，并且这些流通畅的程度直接影响着供应链系统的稳定性
多样性	C－GSC 上的成员以及整个供应链的发展呈现出路径多样性
标识	C－GSC 发展演化过程的企业形象、洁净煤技术、绿色新产品、绿色工艺等都是一个个的标识，它们直接或者间接的影响着整个供应链的发展演化
内部模型	C－GSC 系统具有层次性，每个主体都是一个内部模型，这些内部模型是一些具体处理问题形成的经验模式或者行为模式的总结
积木	C－GSC 系统内部各个模型的不同组合，取决于外部系统对内部系统的要求和指引，静态上讲，各个积木的组合演化形成一个个内部模型

4.2 基于复杂适应系统（CAS）的 C – GSC 系统的运作模式分析

基于前述各章分析，不难理解，煤炭绿色供应链网络体系实际上是一个复杂适应系统。它不是企业实体间的简单相加，是企业间合作、竞争、协同发展的结果，同时也源自企业对环境的适应，而它的效益，也再一次证明了优化后的整体大于局部的思想，所以说，它同样具备 CAS 的多重特性。鉴于此，以复杂适应系统的视角分析供应链的运作模式如下：

（1）C – GSC 系统是一个为了获取利益、共谋发展、共同生存的网络系统。

现代的市场环境是动态变化的，它需要在竞争中求得合作，与之有关联的每个经济实体都有各自特有的决策权、经营目标，要实现个体的独立与整体的一致，充分、完全的信息交流、共享成为必不可少的因素。企业以获取利益为宗旨，为了维护整体利益的一致性，必须积极调动个体的优势和主观能动性。当然必定会有部分企业只顾眼前利益而破坏供应链的均衡与稳定的系统。但从长远角度来看，这样的企业在不断的解雇兼并、更新组合的过程中会被系统抛弃，全新的组合会使供应链获取最大化的系统利益。因此，煤炭绿色供应链的这种整合是为了获取最大的利益，通过各种奖惩机制的控制，把追求共同利益的经济实体不断整合、共同发展，使绿色供应链系统朝着逐步发展、获取系统整体业绩最大化的方向前进。

（2）C – GSC 系统是一个动态的、演变的系统。

供应链合作模式，以获取利益为前提，在 C – GSC 系统的应用中不断进行调整和更新，吸取经验和总结教训，不断完善内部结构。在煤炭企业的内部，同样也进行不断地调整，不断地完善企业实体的业务流程、引进洁净煤生产设备、培养员工安全和环保意识，使企业在经济效率、社会效益和环境生态效益方面大获丰收。在企业之间，供应商、生产商、销售商、物流商、回收商五者的有机结合，以谋求合作者的共同发展与协作。C－GSC 网络系统中的各个经济实体相互影响、相互渗透，并在不断相互分析的过程中，实现相互学习，不断进行自我调整和完善，从而更好地适应供应链中的整体目标。所以说，供应链系统和复杂适应系统都是不断变化的，而且是稳步提升自己，才使自己在残酷现代市场竞争中处于不败之地，并获取整体绩效和利益的最大化。

绿色供应链为了实现由经济实体组成的网络系统良性运行，实现最大的经济目标，在形成的过程中实体间的目标冲突在不同的阶段必然存在。例如，上游供货商为了通过加大订货数量，扩大企业的经济规模，以此来降低企业成本和风险；而下游销售商更喜欢以销售定需求，减少企业货物存量，根据最终用户的变化而变化。在此种情况下，如果上下游所有企业都能够从整体利益出发，制订自身企业发展战略，那么就能够实现理想的整体最优。然而在实际操作过程中很难实现这样的最优目标，这是因为各个经济实体在实际操作过程中是存在矛盾的。并且每个经济体情况存在一定的差别，相互之间具有不对称性，必然造成供应链的改进结果也存在不对称性，因此供应链运行的结果只能是一个帕累托最优。在这样的情况下，要想获得供应链运行效益的改进，就只能改进供应链本身，其中包括企业内部调整和实体的更新，在此过程中无法保证每个经济实体的利益不受损害。因此，只能认为煤炭绿色供应链系统是不断发展变化的动态过程，总是在追求新的帕累托最优，并且这个新帕累托最优是短暂的。

4.3 C－GSC 系统概念模型构建

通过前面对 C－GSC 系统特征的研究可以看出，系统具有整体性、层次性和系统动态性，且涉及的主体不仅有煤炭企业自身，还涉及煤炭行业、物流部门、环保部门、政府部门和社会公众，因此，在模型构建时不仅要充分分析各组成成员的功能，而且要对系统的各个环节考虑周全。

4.3.1 系统构建原则

构建 C－GSC 系统概念模型，要综合考虑 CAS 和绿色供应链的主要特点，构建原则如下：

（1）整体性原则。

从 C－GSC 系统内部运营层次看，其主要由资源系统、生产加工系统、销售系统、物流系统组成。从 C－GSC 系统外部运营层次看，其主要由环境系统、社会系统、回收系统组成。C－GSC 是以一定的支持系统为基础进行的，为了更好地实现目标运营，绿色供应链的运营受到资源、制度、生态、绿色理念的约束，并在运营条件和方式方面支撑系统起着决定作用。

（2）目的性原则。

C－GSC 主要目标是由 4 个子目标组成的目标体系，这 4 个子目标是：在 C－GSC 系统内各个行为主体实现资源最优配置来实现最终的经济效益；满足合理的消费需求并且实现资源节约利用从而实现社会效益；综合利用、有效回收，实现环境效益；维护生态平衡，实现供应链内各个主体的活动与环境、生态、社会友好的目标。

（3）层次性原则。

可将 C－GSC 分为两个层次：一个是内部运营层，另一个则是外部支持层。内部运营层又可分成 4 个子系统，分别为资源、生产加工、销售、物流系统。外部支持层又可分为 3 个子系统，分别为生态环境、社会、回收子系统。不同的要素构成了每个子系统，并逐层隶属、逐层关联，组成了一个复杂的适应系统。

（4）环境友好性原则。

具体表现为 C－GSC 内部的运营层里的资源、生产加工、销售、物流 4 个子系统与外部支持层的联系。其联系体现为将内部层的资源通过开采、加工变成外部支持层的产品，生产产生的各种废弃物对外部环境产生影响，同样在销售、物流过程中都会对环境产生影响。内部层的 4 个子系统与社会系统在物质、资金、知识和信息的存在相互交换和作用，政府环保部门或社会环保组织会制订政策法规对主体的行为进行管理和引导，社会公众也有成为绿色消费者的积极性。外部支持系统的变化会引起内部运营系统的变化。

（5）生态文明型原则。

C－GSC 系统的构建不仅要考虑环境，更要注重生态。在内部运营的生产加工系统，因煤炭开采，造成生态环境的退化、物种的稀少，生物栖息地遭到破坏。这种负面影响会通过信息流直接传递给社会系统，而社会系统又会通过知识流和信息流反馈给内部生产加工系统，因此各个系统之间就会发生变化。构建 C－GSC 系统的其中一个目标就是实现生态效益，因此就要坚持生态文明的原则。

（6）灵活性原则。

面对公众复杂多变的需求、法律法规的日益严格和社会公众的绿色要求，需要通过对每个节点简化，从而快速响应市场，这种能力的实现也需要相关主体及时调整，做好信息传递，减少信息延迟、失真和中间环节，增加透明度。

4.3.2 C－GSC 系统概念模型

概念模型是利用符号、图表等描述客观事物的性质、联系及逻辑关系的模型。T. C. Jones 等人于 1985 年阐述了供应链的概念模型，以说明供应链的构造和内部的活动过程。概念模型体现了供应链中的基本活动、物流与信息流的运动过程，同时也涵盖了供应商、制造商、分销商和顾客。马士华等（1999）提出了网络结构的集成供应链模型，该模型以 T. C. Jones 模型为基础，以减少供应链上下游企业间活动的随机性，提高系统的运行绩效，而没有把环境因素和绿色特征考虑进去。当前只有极少数的研究者设计了绿色供应链的概念模型，对于绿色供应链的研究少之又少。Benita M. Beamon 博士在《设计绿色供应链》阐述了绿色供应链的概念模型的核心思想，是将“再制造、回收、再循环”等环节加在原来的供应链概念模型的基础上。Karlberg 等研究者将“回收商”加入原来的“供应商、制造商、分销商、顾客、运输商”的绿色链条中，在电子工业绿色供应链管理中提出了绿色供应链的概念模型[118]。Remko Ivan Hoek 在绿色供应链组成人员中增加了服务机构，提出了绿色供应链管理的概念模型[119]。汪应洛和王能民以系统观点为出发点，进一步对绿色供应链的组成要素进行分析，将其细分为：生产、消费、社会、环境系统等 4 个子系统[120]。综上所述，不难发现，以往的概念模型存在两点不足：一是未将绿色概念融入整个供应链中，没能实现系统分析；二是未对绿色供应链中的知识流的运动过程进行阐述。

基于对前述文献的分析，并结合煤炭企业的实际，构建如图 4.3 所示的 C－GSC 系统概念模型。

4.3.3 绿色供应链废弃物回收系统模式

（1）煤炭绿色供应链系统运行模式的目标。

煤炭—电力循环模式的目标是按照循环经济 3R 的原则，以煤炭选洗为基础，把瓦斯、洗中煤、煤泥、煤矸石等废弃物作为发电的主要资源，发展电—建材等资源综合利用产业模式，在这一过程中把煤矸石、矿井水、粉煤灰等废弃物资源综合利用。具体目标如下：

①在开采煤炭时引进先进开采技术，努力提高煤炭回采率，加大原煤洗选力度，生产绿色煤炭。

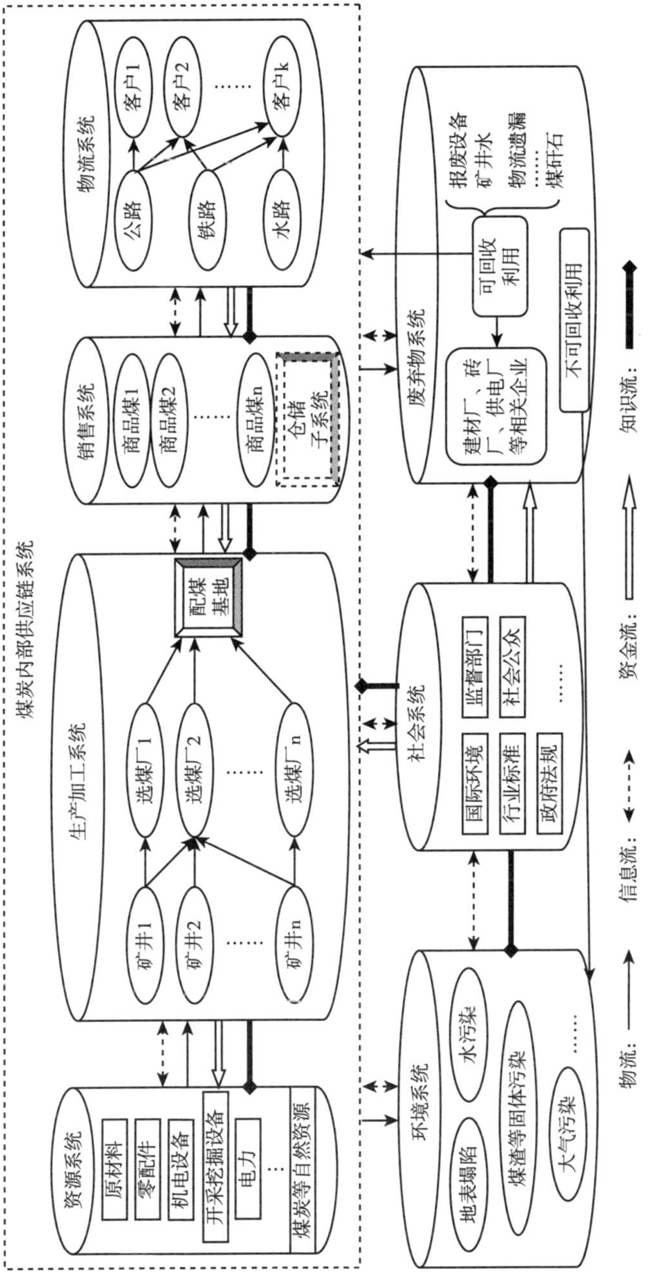

图 4.3 C－GSC 概念模型

②在洗选中心附近，发展废弃物综合利用电厂，利用可利用低热值燃料，如洗中煤、煤泥、煤矸石、劣质煤等。首先可以为生产和生活提供一定的能源，更重要的是可以减少对环境的破坏。

③大力倡导坑口电厂的建设，实现能源就地转换和就近供应，将运煤变为输电，减小社会的运输压力和企业的运输成本。

④矿区的废水要加大力度经处理再循环利用，如矿井水可以经处理厂后用作工业用水，生活用水经净化后也可循环再利用。

⑤利用煤矸石、粉煤灰、灰渣等废弃物生产水泥、矸石砖等新型建材，或者用于筑路和充填塌陷区等，也可以带来企业和社会的双重效益。

⑥实现系统经济效益、环境效益和社会效益统一，努力达到社会和企业共同发展进步，并相互促进。

（2）煤炭绿色供应链系统运行模式的产业链。

循环经济又称为物质闭环流动型经济，就是在物质的循环、再生、利用的基础上发展经济，煤炭企业循环经济产业链的重点就是对废弃物的再利用，而这对煤炭企业绿色供应链的发展提供了新参考。事实上，煤炭企业可以建立产业链，但本书认为适合开滦集团的是发展煤—电—建材产业链，如卡伦堡生态工业园的供应链系统就是以发电厂为核心。因为这种产业链能将废弃物资源最大限度地消化掉，实现对废弃物的综合利用，不仅能使资源的综合利用达到最大化，而且有利于减小废弃物对环境的破坏，最重要的是能提高企业的经济效益，所以应该重视该产业链的构建。

（3）供应链废弃物回收子系统。

在分析了煤炭—电力循环经济模式目标及产业链设计要求的基础上，应用系统工程的思想和循环经济的理论，以开滦集团为例，对其产业链深入研究，以循环经济理论为基础，使煤炭—电力转换过程中产生的废弃物再循环利用，延长开滦集团的产业链，把废弃物纳入新产业链中去，大量降低废弃物的排放，构建煤炭—电力新的绿色循环经济系统运作模式，其结构如图 4.4 所示，物流的流动过程用图中的箭头方向代表。

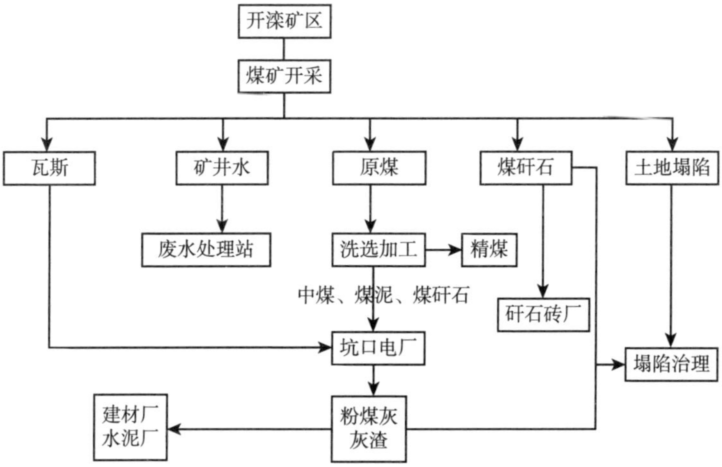

图 4.4　基于煤炭—电力循环经济模式的煤炭绿色供应链废弃物系统

4.4　C－GSC 系统结构分析

按照供应链管理流程，煤炭绿色供应链流程应包括绿色设计、绿色采购、绿色开采、绿色生产、绿色加工、绿色物流、绿色销售、绿色消费和绿色回收等环节，这些环节共同构成了绿色供应链的闭环系统。这些环节又具体分为以绿色回收为中心的 6 个阶段，如图 4.5 所示。

4.4.1　绿色设计

绿色设计（Green Design）也称为生态设计（Ecological Design）、环境设计（Design for Environment）等。绿色设计在 C－GSC 系统中是指从采购原材料开始直到绿色回收整个过程中的设计，对资源、生

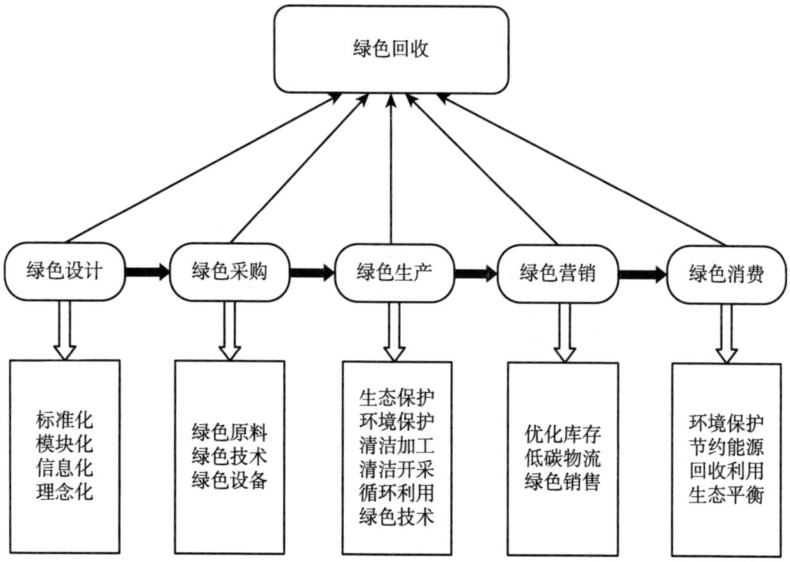

图 4.5　C－GSC 流程

态、环境和社会的影响要进行充分考虑，如对煤炭及煤炭产品产量、品质、价格、成本等相关影响因素不断进行优化，实现煤炭在开采、洗选、加工等过程中对环境的破坏程度减至最小，使产品成为绿色产品，符合国家绿色环保各项指标要求，最终使相关产业形成相辅相成的上下游关系。其基本思想在于，将环境性能作为煤炭产品设计的目标和出发点，并将环境因素、预防污染的措施引入，尽力将煤炭及其产品所形成的负面影响最小化。而相对绿色供应链，它的核心思想就是“3R”，其中 3R 是指 Reduce（减量化）、Recycle（再循环）、Reuse（再利用），既要减少有害的废弃物产生，提高物料与能源使用效能比，还要使生产过程中没有被充分利用的产品及煤炭在使用过程中产生的“三废”可以方便地分类回收，以便可以再生循环或再利用。

4.4.2　绿色采购

煤炭企业的原材料供应商除了煤炭机械设备及其配件等生产物资

的提供者之外，在供不应求的情况下，会出现外购煤供应商。煤炭企业利用其在供应链中的核心地位，可以通过市场化与定制化进行购买，要求供应商提供的设备在设计方面更具有环保性、效率性，从而不断扶持更加具有研发能力与竞争能力的供应商，不断增加设备的经济效益和环保效益。绿色采购的具体思路如下：

（1）绿色供应商的选择与管理。

此过程必须关注的问题有以下几个：供应商提供的原材料在自身生产过程中是否造成环境破坏、原材料在加工过程中是否环保洁净、原材料在流通过程中是否能够降低能源消耗等。为了更好地实现需求方、顾客、生态环境的互利共赢，就需要供应商与企业相互沟通，此举不但能够减少废弃物排放，提高原材料及资源的利用率，降低企业生产成本，而且还能把对环境的影响降到最小，实现环境收益高回报的目的。

（2）实行企业和供应商协同采购。

协同采购要求煤炭企业与物料供应商能够信息联网互通，实现库存、需求、生产计划等信息共享，并能根据自身供应链的实际供应情况对自身生产、交付等活动进行实时、在线地调整。为了更好地保证服务、尽量降低库存，供应商需要根据企业共享所反馈的信息（实时库存、计划、交付等）做出及时调整。在如此的供应链管理过程中，采购活动依据订单适时调整订单的驱动方式可以使整个生产供应系统对客户所反映出的不同需求及时做出响应，从而使企业、供应商的活动更加准确、快速，同时还极大地降低了各种成本。

（3）绿色材料的研发与运用。

绿色材料作为一种新兴理念，愈发得到社会各界的高度重视，不断拓展与研发。绿色材料是指具有资源利用率高、品质高、技术含量高、性价比高的材料。绿色材料在材料自身生产过程中环境破坏小、无危险、能耗低、广泛使用等特性。绿色材料的兴起和发展要求各方对材料再利用、再循环、低污染的环保性质更加重视，使产品既具有良好的预期功能，同时又能做到清洁生产，保护环境。清洁生产作为一种适应当前经济社会发展的新理念，本身就处于一种不断更新和完善的过程，它要求相关环节、相关企业能顺应科学技术的发展，敢于更新技术，不断创新，适时更新目标，并且在管理中将环保和绿色作为一种理念得到发展。

4.4.3 绿色生产加工

绿色生产加工主要包括以下三大模块：绿色开采、绿色生产以及绿色加工。

（1）绿色开采。

煤矿的绿色开采是对煤、瓦斯、水、矸石、土地、伴生矿产等资源的认识上采取广义的角度，对其尽可能利用。即通过应用绿色开采技术，将煤矿开采过程对所在区域环境干扰度控制在可承受范围内，实现资源开采最大限度并对生态环境破坏造成最小破坏。简单说来就是合理利用资源，改进、优化技术，使煤矿工业得以高效、协调地可持续发展，减少对环境的破坏，获得经济与社会环境的共赢。总体上看，绿色开采技术如表4.3所示。

表4.3　　绿色开采技术

绿色开采技术	内容
资源保护：形成“保水开采”技术	不同地区水资源特点不同，所以要根据矿区水资源情况采用相应技术，水资源紧缺地区应以最大化利用为主，水资源富裕地区应以保护和防治水害为主。因此，水资源保护、水资源利用（煤水共采）及水灾防治等要素共同构成保水开采的内容
土地与建筑物保护：形成离层注浆、充填与条带开采技术	绿色开采技术的主要目的是为了减少开采对地表的影响，这一技术主要是利用条带开采技术将开采区沿煤层的走向或倾向，划分为若干条带（这些个条带宽度相等或不等）开采一条，保留一条，用这些保留的条带煤柱支撑顶板，从而减小地表沉降的技术。充填开采法对水系、城市、交通干线下采煤具有重要作用，能够防止地表沉陷，大幅度减少地面环境的破坏程度，同时也可降低采掘工作面的矿压，特别是防止采场和巷道的矿压变形具有重要作用，从而能够提高煤炭的采出率

续表

绿色开采技术	内容
瓦斯抽放：形成“煤与瓦斯共采”技术	作为绿色开采技术之一的煤与煤层气共采技术，根据开采卸压原理，利用开采中岩层的离层与裂隙分布规律，建立“导气”裂隙，使原本聚集在煤炭裂隙中的瓦斯逐步释放，实现煤与煤层气共采
煤层巷道支护技术与减少矸石排放技术	在进行巷道设计时，为了让水平大巷尽可能沿煤层布置，根据地质条件，需要采用先进的设计理念和支护技术；为了减少储量损失就需要采用新技术、优化隔离煤柱尺寸；为了提高资源回收率，就要加大采煤工作面的长度和宽度
地下气化技术	煤炭地下气化技术实现从了“物理采煤”向“化学采煤”转变，并且安全性高、环境污染小、经济效益高。该技术主要是通过化学方法把地下固体煤炭变成气体，更对于报废矿井中的煤炭资源进行回收和“三下”及深部煤层的开采十分适用

（2）绿色生产。

绿色生产就是在生产、加工过程中严格要求执行 ISO 14000 环境标准及国家相关环保法规，并对生产加工过程中各环节采取不间断预防策略，从而不断降低人类和环境的风险，提高生产效率。同时也对供应链企业提出了更高的要求，即在生产过程中通过技术手段降低资源消耗，减少污染物的排放，对环境无污染或少污染，进一步强调节能减耗在煤炭生产过程中的作用及体现。安全生产是企业最大的节约，也会带来最大的效益。推行绿色生产，降低成本。加强对采、掘、机、运、通各系统的集中控制，集中控制的优点在于可以对人力、物力及能耗的节约。选择最优开采策略和开拓方案，对采、装、运、洗、储、销等各个环节进行优化，提高煤炭品质及经济效益，重视矿井采掘工作面支护材料的回收复用工作。积极开展各环节收旧利废活动，降低生产成本及生产环节材料损耗，进而提高生产效率。构建绿色供应链时，扩大洁净煤技术在整个链条中的应用范围，宣传此技术对煤炭消费引起的环境污染的清洁作用，增加洁净煤技术的使用。目前，随着煤炭洁净煤技术逐渐成熟，具有大范围推广的可行性。洁净、高效使煤炭在加工、燃烧、化工等过程中污染控制效率提高，大量的 CO_2、SO_2、CO 等有害气体被减少，使煤炭正在向洁净液体和气体燃料转变，不断扩大使用范围，使煤炭资源被清洁的利用，经过如此加工，煤炭中的硫、灰可明显减少。

（3）绿色加工。

就行业而言，电力、冶金、化工、建材行业是煤炭下游行业的四大主要行业；而焦化、气化、液化、燃烧是目前煤炭加工的四大方式；精煤、中煤、煤泥、煤矸石是煤炭洗选的四大产品；除此之外，建设与经营铁路、公路、港口运输产业以便于矿区可以为用户提供更便捷的交通服务，从而建立“煤—路—港”产业链模式。

4.4.4 绿色营销

作为绿色供应链其中一个环节的绿色销售，其理论基础主要包括生态经济学和环境经济学以及可持续发展理论，以优化销售活动的方式协调社会公众、生态环境、经济发展之间关系为手段，最终使生态环境得到改善，人民生活身心更加愉悦。这一目标要求利用可持续消费替代最大限度地刺激消费者，即绿色销售是在提高消费的满意度为前提的基础上，同时减少消费的煤炭占有量，来实现可持续消费。社会责任被引入绿色销售之中，这就要求煤炭企业在满足消费需求的同时，其行为必须以社会有序发展、生态环境保护为要求。因此，当企业面临消费需求与社会需求矛盾时，企业应遵循环境良性发展的原则，不可破坏生态环境，其销售行为不得损害社会利益，要积极协调，妥善处理好这一矛盾。煤炭企业应尽最大努力向消费者提供能耗低、污染小、热量高的煤炭及煤炭产品。通过绿色销售活动，让社会公众了解企业对环境所做的努力，让顾客了解产品的生命周期环境成本分析，从而对公司产品有更深入的理解，并提供途径让他们提出改进意见，以期提高消费者对产品的满意度。

煤炭企业实施绿色营销是煤炭绿色供应链的要求，其目的在于让消费者了解企业对于环境保护所做出的努力，为了达到这一目的企业可以通过以下途径：在生产环节要求煤炭企业生产符合绿色环保要求的产品，保证生产的产品符合绿色环保标准；在销售环节可以向消费者介绍绿色消费理念，弘扬企业绿色文化，倡导绿色消费潮流等。通过企业所做的一系列努力，可以提高消费者对企业产品的认知度、满意度和忠诚度，促进企业更好更快发展。

4.4.5　绿色消费

绿色消费主要是指消费无污染或污染度最低的产品，是对社会发展一种消费诉求，然而煤炭及其产品必定在消费使用过程中对环境产生负面影响，故而要求客户在消费过程中尽可能地减少对环境污染，自觉地不去消费甚至抵制那些对环境产生较大负面影响的煤炭及煤炭产品。这就要求煤炭企业从“我”做起，提高企业的绿色形象，增加绿色投入在产品中的比重，引导消费者进行绿色消费，通过上述方式不仅可以塑造良好的企业形象，还可以增加用户对产品的忠诚度。

4.4.6　绿色回收

绿色回收是整个绿色供应链的最后环节，也是传统供应链与绿色供应链的最明显区别。回收环节包括专门的回收企业对废弃物及“三废”的回收和煤炭企业对物资的回收。煤炭绿色供应链的重要环节是煤炭企业废弃资源回收和循环利用，煤炭企业废弃资源回收和循环利用包括开采过程中共生、伴生矿和尾矿的回收与综合利用以及矿产利用过程中工业和生活的废弃物、剩余资源的回收与再利用、开采完后矿坑的处理。

其中物资回收可以通过常规回收、回收部门回收、专项回收三种方式。

常规回收，主要依托日常的井下作业人员，其工作流程是在井下作业结束时，工作人员将废旧物资一并带到地面，其中主要有常规生产设备和材料，如橡胶制品等。此类做法节省人力，时效性强。

经过回收部门回收，是指企业成立一个部门，专门负责逆向物流，并对回收到本部门的物资进行分类，按类别送至不同的维修加工部门。

专项回收，是指企业组织专业人员进行定期、有针对性的回收，对可利用设备、材料价值较大的部分，经过处理的材料，有毒废弃物等进行回收。

矿产开采过程会产生共生、伴生矿和尾矿，煤炭开发企业在进行综合开采、回收利用的过程中是在经济效益和生产成本利益最大化的基础上进行的，对于已经勘察出但无法进行回收利用的资源，应以有偿形式转交给另一部门或企业进行回收工作的继续。对于采矿、冶炼过程中产出的“三废”（废气、废水、废渣）保证回收利用的最大化。在产业之间或产业内部，由原来传统经济的单向产业链条“资源—产品—废物”变为“资源—产品—再生资源”的首尾相接的循环链条，而在这一圆形循环产业链条中，可以将上一步生产中的副产品或废物作为下一步生产的原料，形成产业内工业代谢和行业间的共生关系。

4.5　C－GSC“流”行为构成及作用

在传统的供应链上流动着物流、资金流、信息流，而在绿色供应链上不仅有上述三“流”还包括由分散的信息流集成的知识流。四“流”在绿色供应链上连接着各个环节，起到重要作用，如图4.6所示。

4.5.1　绿色物流

C－GSC中的物流是加入了以环境保护为基础的绿色要素，是物

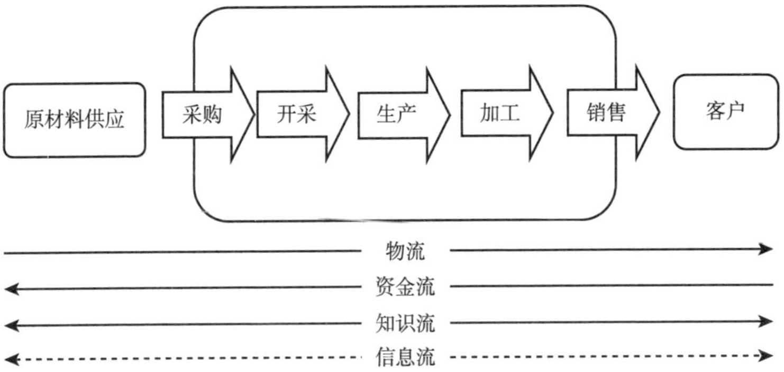

图 4.6 煤炭供应链环节与流行为

料、煤炭及其产品的绿色物流。矿物采掘过程中产生的煤矸石、煤层气、矿井水等，在洗选加工过程中产生的煤泥、煤矸石等废弃物，在运输、仓储、装卸过程中产生的遗留煤炭、煤灰；在消费过程中的煤炭固体废弃物、SO_2、CO_2、CO 等气体排放物均须回收处理。例如，报废的设备或者废弃物经过回收后，重新成为原材料投入生产时，绿色供应链就处于无限循环状态，不断地将经过处理后的资源重新送回到销售线上、重新回到煤炭企业或其他企业，成为原材料重新开始生产流程。所以说煤炭绿色供应链物流是正向物流和逆向物流相结合的闭环运作过程，如图 4.7 所示。

煤炭绿色正向物流，是以先进的物流技术为工具，加之运输的计划和实施、装卸、储存、流通、加工等的物流活动，其目标是减少环境污染、资源消耗、生态破坏。煤炭绿色逆向物流，是指在实际的物流过程中，将某些无明显使用价值的物资抛弃，将其变为备用抛弃物。这一行为违背了利益最大化原则，要将这部分潜在价值进行充分利用，企业应当为此类物质设计回流系统，使具备再用价值的物品回归到正常的企业物流中来。应用到煤炭绿色生产中的逆向物流就是指回收利用在煤炭开采过程中产生的无明显使用价值的废旧设备、废料等，将开采过程中产生的煤层气、煤泥进行充分利用；同时将生产中产生的“三废”（废水、废气、废渣）进行同样的回收与利用。对于

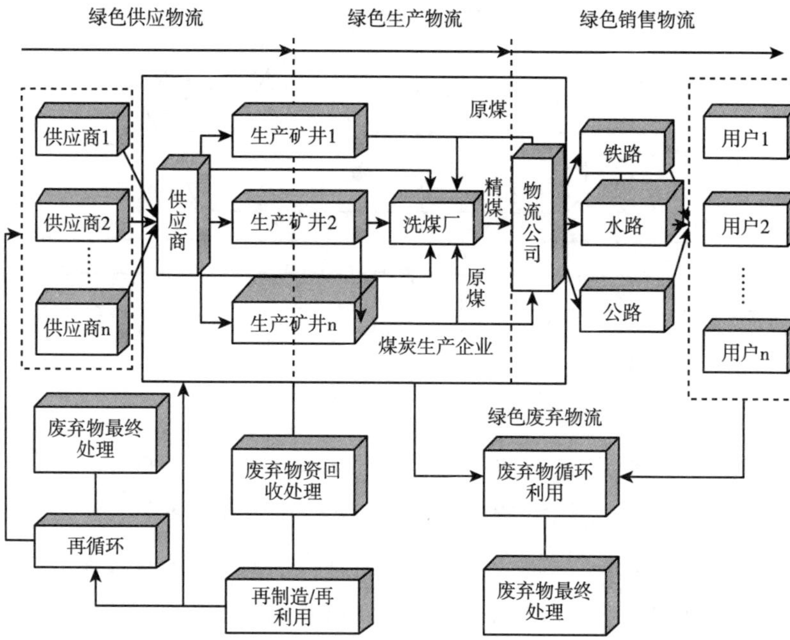

图 4.7　C－GSC 绿色物流设计体系

在煤炭使用过程中所产生的废弃物也应当进行回收与综合利用，以达到变“废”为“宝”的目标。

为保证物流运输过程中的经济性、提高效率，可成立两类配送中心：一是原材料物资配送中心，二是煤炭产品的配送中心。在构建原材料物资配送中心时，供应商负责把原材料配送至原材料配送中心，物资配送中心对原材料信息进行处理协调，在确保货物供应及时的前提下，尽量减少库存，从而有效地节约资金与库存管理费用。在构建产品配送中心时，为降低建立和维护物流系统的支出，提高物流配送的速度，煤炭企业可以酌情考虑第三方物流，将配送中心的焦点放在邻近的煤炭企业上，产品集中后，经由配送中心选择合适的包装方式及物流方式，进行集中配送，避免运输过程中对环境造成的污染，此种方式可使煤炭企业更加专业化，提高生产效率，减少不经济的损耗，另外，配送中心专注煤炭的运销，产品送达更加及时与专业，用户也能从中受益。

4.5.2 绿色资金流

资金流是实现绿色供应链的手段和保障。资金流要横跨整个绿色供应链，存在于绿色原材料采购、煤炭开采、生产加工、储运、消费、废弃物回收等资金流环节中，也存在于物流、信息流、知识流等活动中。普通企业绿色供应链的资金流一般都是从下游企业流向上游企业。而在煤炭行业，随着对煤炭的税费改革和对煤炭企业绿色基金的启动，资金流也会从社会、政府流向煤炭企业，这对煤炭企业建立绿色供应链系统有很大的推动作用。

山西潞安集团关于绿色供应链资金流的设计经验值得学习，2007年，潞安集团经中国银监会批准成立了专门的财务公司，通过短期融资债券、中期票据的方法，在 3 年时间内实现净利润 7000 多万元，并节约银行利息约 1 亿元，资金保障作用显而易见，而其 55% 的资金归集度也体现了这一制度的成功。绿色供应链借鉴这一成功案例，可以将绿色供应链上各节点企业看作一个集团，同样，从节约财务费用的角度出发，必须建立能够将闲置资金、分散现金进行统一管理的财务中心，降低企业负债率，减少利息的支付，提高企业抵御经营风险能力。资金流设计体系如图 4.8 所示。

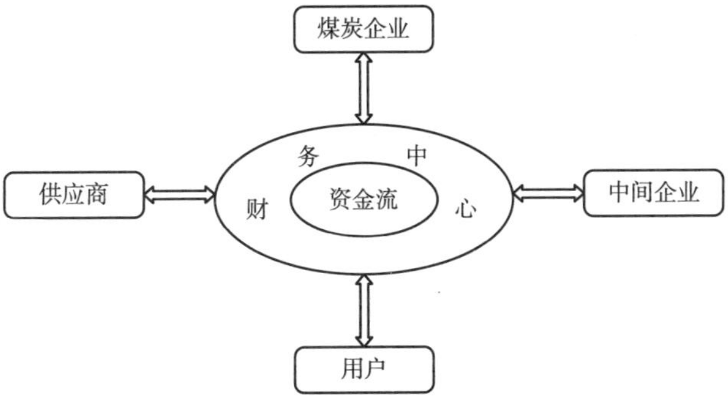

图 4.8 资金流设计体系

4.5.3 知识流

C－GSC 的知识流主要包括的是煤炭企业与供应商、煤炭企业与煤炭销售商、煤炭销售商与客户、煤炭企业与回收商、煤炭企业与社会之间的知识流动。供应商把相关的绿色技术、绿色设备知识、原材料性能指标传递给煤炭企业；煤炭企业在进行生产加工时把绿色煤炭产品的知识再传递给煤炭销售商；煤炭企业再把煤炭及煤炭产品以外的物料以及其特性的知识传递给回收商；煤炭销售商再把绿色煤炭产品的知识传递给客户。反之，知识流再进行逆向传递，在逆向传递过程中会有基于社会公众反映的政府指引的知识流，这样就形成了以煤炭企业为中心的知识流的闭环流动，知识流在正向和逆向流动的过程中得以扩散，最终会形成新的知识，给企业增加效益。

4.5.4 绿色信息流

煤炭企业生产的完成事实上是煤炭企业和其他企业之间或个体之间信息不断交换，最终达成交易的过程。信息流是从煤炭企业绿色设计开始，经过绿色原材料、技术、设备的选取，再到绿色开采、生产加工、绿色物流、绿色消费、绿色回收等过程的信息从内部到外部的共享。供应企业、煤炭企业、销售企业、消费客户、回收企业以及政府相关部门之间的交流与沟通都是通过互联网实现的。因此，煤炭绿色供应链的信息数据流动是双向互动的，并通过互联网来支撑，将信息汇总到信息管理系统进行分析和处理。煤炭企业通过建立信息化管理平台，从运作、监控、管理和技术方面对市场信息、政策信息、需求信息和回收信息进行分析，可以最大限度地减少供应链因信息不确定所产生的“牛鞭”效应。

煤炭企业构建绿色供应链信息管理系统。在煤炭企业供应链中信息数据流也像物流一样双向流动，原材料供应企业向煤炭企业发布需求信息，煤炭企业经过开采、加工形成产品后，将产品信息发布给销售企业，销售企业再将煤炭企业的产品信息发布给消费客户，消费客户消费产品后的感受和建议传递给供应企业，从而实现煤炭企业作为核心企业和供应企业、销售企业、客户间信息流和物流的相互促进，各节点企业通过核心企业以信息管理系统为手段，建成信息公共平台，将企业内部信息集成和处理，从而真正实现各节点企业的信息传递和共享。信息流设计体系如图 4.9 所示。

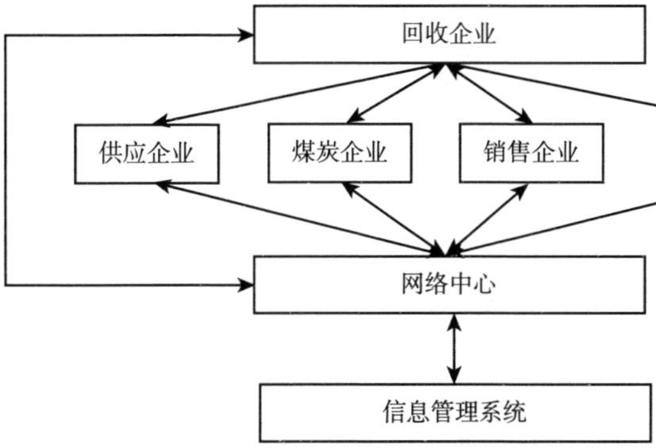

图 4.9 C－GSC 信息流

4.6 C－GSC 系统功能

如图 4.3 所示，该模型把 C－GSC 划分为七个系统，即资源系统、生产加工系统、销售系统、物流系统、环境系统、社会系统和回收系统。七大系统之间通过资金流、物流、信息流、知识流的传递，形成了彼此相互关联、复杂而有序的运行模式。

4.6.1 资源系统

资源系统为整个 C－GSC 系统提供原材料、零部件、机电设备、开采挖掘设备等，为煤炭开采、生产提供原动力。同时，在煤炭企业供不应求的情况下，为煤炭企业提供所需的煤炭资源。在 C－GSC 系统中，资源系统是源泉，可以说没有资源系统，后续的系统作用就无法实现，其他系统也无法运行。

4.6.2 生产加工系统

生产加工系统是 C－GSC 系统的一个重要系统，在系统中起着核心作用。在生产加工系统中包括开采、生产和加工等多个环节。在煤炭开采中需要资源系统的动力支撑，同时给环境带来污染，对生态造成破坏，但是煤炭的开采又会受到社会系统中法律法规的限制，使煤炭企业必须按照行业标准，将对生态环境的影响降到最低。煤炭经过开采，有些产品可以直接销售，有些产品需要加工后才能销售，在生产加工过程中也同样与开采环节一样和其他系统发生联系。在生产系统中，社会系统把法规制度、环保指标通过知识流、信息流传递给生产加工系统，销售系统把市场需求和绿色产品的技术使用情况传递给生产加工系统，生产加工系统通过对销售系统和社会系统的知识信息的学习和反馈，根据相关的信息向资源系统进行购置相关的设备和产品，同时也开始本企业内部的相关生产加工。

4.6.3 销售系统

煤炭销售是煤炭企业的经济命脉，也是构建绿色供应链系统的重要环节，对煤炭资源的节约、有效利用起到重要的作用。在激烈的市场竞争中，如何满足消费者的绿色需求，降低库存成本，随时掌握煤炭销售情况、以销定产，是煤炭企业迫切需要解决的问题。同时，销售环节又连接着煤炭的生产和物流。销售系统如实有效地把客户对产品的要求和数量反馈给生产系统和物流系统，对资源合理开发利用以及对煤炭绿色物流系统的建设有重要作用。

4.6.4 物流系统

为了实现煤炭物流的绿色环保和可持续发展，煤炭物流向绿色物流转变是物流发展的必然选择。绿色物流主要是把环境保护加入物流系统，使环境因素成为物流系统中一个重要约束指标，并把这种约束扩展到煤炭的开采储存、运输流通、洗选加工等每个环节，实现在物流过程中的环境保护，减少对环境造成的破坏，同时又能提高资源利用效率。煤炭物流作为煤炭产业中的一个重要环节，在国民经济与社会发展中具有重要的地位，但现有煤炭物流系统的各个功能环节在不同程度上对环境造成了严重影响。煤炭企业以降低污染物的排放、减少资源消耗为目标，积极构建与实施煤炭绿色物流系统，使整个煤炭物流环节和管理全程绿色化，是实现煤炭物流可持续发展，保证国民经济健康、快速发展的有效途径与策略。

4.6.5 生态环境系统

煤炭从生产加工、物流、消费的整个过程都存在对生态环境的破坏的现象，而生态环境系统又是 C－GSC 系统中一个重要的约束系统。它连接资源系统和社会系统。给资源系统输入煤炭能源，同时也从资源系统中吸收废弃物品。随着环境的破坏和生态系统的变换，又通过信息流把这种影响反映给社会系统。社会系统再通过信息流和知识流对煤炭生产加工系统进行反馈，使其生产的产品减少对环境的负面影响，更适应社会公众的需要。

4.6.6 社会系统

社会系统在 C－GSC 系统中处于调控的角色，连接煤炭内部系统、生态环境系统和回收系统，处于核心的地位。为煤炭内部系统提供环保法规政策管制，同时又把生态环境系统的变化反馈给煤炭系统，对煤炭内部系统通过知识流和信息流的流通进行宏观调控。与此同时，社会系统为回收系统提供资金支持，鼓励回收系统的建设，最终为生态环境系统服务。

4.6.7 回收系统

回收系统在 C－GSC 系统中起到了“净化器”的作用。在煤炭内部系统中所产生的废弃物直接流入回收系统是最理想的选择，但是又因为回收设备和技术还不能满足完全吸收的能力。煤炭内部系统中产生的废弃物一部分流入生态环境系统中，即对环境造成污染。一部分进入回收系统中，进行重新处理使之变废为宝或者进行无害化处理再流入环境和社会系统中。社会系统不仅给予回收系统资金支持，同时也给予技术和知识的支持。这样回收系统的作用能得到有效的发挥。

5 煤炭企业内部绿色供应链优化模型

本章通过分析煤炭企业内部绿色供应链优化的必要性，建立了既能满足煤炭企业利润最大化，又能保证客户需求，同时兼顾生态环境的煤炭企业内部绿色供应链的多目标优化决策模型，对煤炭绿色供应链企业利润情况、客户需求满足情况和生态环境保护情况进行系统决策，最后利用开滦煤矿的数据进行实证研究，对煤炭企业实施绿色供应链提供了理论方法和实践指导。

5.1 煤炭企业内部绿色供应链优化的必要性

为了满足客户对产品的需求，同时保证煤炭客户、煤炭企业共同利益以及社会公众对环境保护的要求，就要求煤炭企业在合适的时间，将合适数量的合格煤炭产品送达合适的地点，实现均衡供求，同时要保证煤炭在生产到消费的整个供应链过程中对环境的负面影响最小。煤炭企业内部绿色供应链管理是通过对整个网络供应链中的信息流、物流和资金流进行管理的过程，而大型煤炭企业内部供应链是高度不确定的系统，这就涉及煤炭企业内部供应链的优化问题。

煤炭企业内部供应链是一个极度不稳定的系统，矛盾充斥在供应链的各个环节中，运用熵理论分析可知，正是这些矛盾造成了系统的不稳定。系统中的正熵是由矛盾产生的，而且矛盾如果不调和的话就会越来越激化，正熵会随着矛盾加强不断变大，系统也会变得脆弱，当熵增加到最大值时，供应链系统就会崩溃，这样就严重影响企业的生存与发展。为了保证企业的长远发展，首先应保障其供应链的稳定，因此，对煤炭企业内部供应链进行优化是十分必要的。

5.2 煤炭企业内部绿色供应链优化模型构建

新中国成立后，我国的煤炭产业得到了飞速的发展，国家也号召加快发展能源产业，建立大型煤炭基地。但是，除了在大型煤炭基地内部建有多个矿井共用的大型洗选中心外，大部分煤炭企业由于历史的沿袭都在每个矿井建一个选煤厂，每个矿井生产适合自己煤种的商品煤，根据矿务局所接到的订单安排生产进度，由所归属的矿务局统一销售，最后到达客户手中。考虑到普遍性问题，因此，本书主要探讨此类企业内部供应链的优化问题，如图 4.3 上半部所示，煤炭内部供应链系统显示了此类供应链的结构，以及在企业内部各部门间物流、信息流、资金流和知识流的交换关系。

从现代煤矿发展的情况来看，煤炭企业接受客户订单，然后根据生产进度下达生产命令，下属煤矿接受命令后开始生产。煤矿开采出来的原煤可以直接从矿区直接运到客户手里，剩下的部分要送到选煤厂进行洗选加工。一般都是在一个矿区有若干个矿井，这几个矿井共用一个洗选中心，原煤经洗选加工就成了商品煤，由于煤炭不利于长期保存，因此一部分商品煤在洗选中心直接运送到客户手里，还有一部分要通过配煤才能销售给客户。本章在分析大型煤炭企业各部门间制约因素的基础上，运用数学语言分析供应链运作各节点中的约束条件和需求，最后根据企业的优化目标，为企业构建多目标的供应链优化模型。

5.2.1 基本假设

（1）决策期间内认为矿井生产成本、运输成本以及各节点生产技术水平无变动，矿区内废弃物成本函数设置为与矿井的产量呈正相关关系。

（2）商品煤质量的指标由灰分和硫分来表征，煤炭的灰分和硫分主要由洗选加工决定的。

（3）受资源有限性的影响，煤炭企业不可能满足所有用户的所有需求，而在对煤炭质量、数量和响应时间等方面尽量满足重要客户的要求。

（4）煤炭企业的固定订单客户不止一个，这些客户的需求是确定的，不会随意变动，并且市场上还会有非订单式的随机需求。

（5）公众对企业环保的满意度体现在企业洗选的成本和废弃物处理的成本上，企业在这两方面的投入越大，公众的满意度越大。

5.2.2 变量描述

（1）下标与集合。

i 表示矿井，$i \in I = \{1, 2, \cdots, i\}$；

j 表示选煤厂，$j \in J = \{1, 2, \cdots, j\}$；

k 表示客户，$k \in K = \{1, 2, \cdots, k\}$；

m 表示销售中心，$m \in M = \{1, 2, \cdots, m\}$；

n 代表商品煤，$n \in N = \{1, 2, \cdots, n\}$，$n = 0$ 时，代表原煤。

（2）已知常数。

A^*_{dkn}为企业向用户 k 销售 n 品种煤的标准灰分；

$S^*_{t'dkn}$为企业向用户 k 销售 n 品种煤的标准硫分；

C_{i1}为矿井 i 生产单位原煤成本；

C_{j2}为选煤厂 j 洗选单位原煤成本；

C_s 为生产成本，包括原煤生产成本和洗选成本；

S_{ij}为一吨原煤从矿井 i 到选煤厂 j 的运输成本；

U_{jm}为一吨经洗选加工的煤炭从选煤厂 j 到销售中心 m 的运输成本；

R_{mk}为一吨商品煤从销售中心 m 运送到客户 k 的成本；

V_{ik}为一吨原煤从矿井 i 到客户 k 的运输成本。

（3）客户需求输入变量。

E_{kn}为客户 k 对 n 品种煤的需求量；

A_{dkn}为企业向用户 k 销售 n 品种煤的灰分；

$S_{t'dkn}$为企业向用户 k 销售 n 品种煤的硫分；

P_{kn}为 k 用户购买 n 商品煤的价格；

θ_k 为客户 k 在企业中的权重；

客户 k 对煤炭的数量和质量以及对响应时间的权重分别为 ρ_{k1}、ρ_{k2}、ρ_{k3}；

ω_{kn}为 n 品种煤在客户 k 心目中的权重。

（4）决策变量。

X_i 为矿井 i 原煤产量；

Y_j 为进入选煤厂 j 的原煤量；

X_{ij}为从矿井 i 运往选煤厂 j 的原煤量；

A_{dkn}表示企业向用户 k 销售 n 品种煤的灰分；

Q_{kn}为企业对 k 客户 n 品种煤的销售量；

Z_{jkn}为从选煤厂 j 运往客户 k 的 n 商品煤的数量；

Y_{jm}为从选煤厂 j 运往销售中心 m 的煤量；

Z_{ik}为从矿井 i 运往客户 k 的原煤量。

5.2.3 目标函数

（1）利润最大化。

在企业里，利润是所有企业生存的根本，利润 = 收益 - 成本。收益为所有煤炭的销售收入，成本为煤炭在生产、加工、转运、储存、废弃物回收处理各个阶段企业投入的资金。

$$U = R - C_S - C_T - C_F - C_K \tag{5-1}$$

R 为收益。

$$R = \sum_{k=1}^{K} \sum_{n=1}^{N} Q_{kn} P_{kn} \tag{5-2}$$

$$C_S = \sum_{i} X_i C_{i1} + \sum_{j} Y_j C_{j2} \tag{5-3}$$

C_T 为运输成本。

$$C_T = \sum_i \sum_j X_{ij} S_{ij} + \sum_j \sum_m Y_{jm} U_{jm} + \sum_m \sum_k \sum_n Z_{mkn} R_{mk} + \sum_i \sum_k Z_{ik} V_{ik} \tag{5-4}$$

C_F 为处理废弃物成本，与各个矿井的产量成正比。

$$C_F = f_1(x_1, x_2, \cdots, x_i) \tag{5-5}$$

C_K 为库存成本，根据煤炭产量和订单信息来确定，其与产量成正相关关系，与客户需求量呈负相关关系。

$$C_K = f_2(x_1, x_2, \cdots, x_i, q_1, q_2, \cdots, q_n, t_2 - t_1) \tag{5-6}$$

（2）客户满意度。

客户对煤炭企业满意度主要体现在以下四个方面：

①煤炭企业的订单满足率。企业应该尽量满足的数量需求，订单满足率对客户满意度的影响十分严重，订单满足率越高，则客户满意度越高[121]，否则下次客户可能会转购他家的产品。

②客户收到商品煤的质量。由于客户购买不同的煤炭有不同的用途，商品煤的种类对客户的影响程度也不同，因而需要设定不同质量商品煤对不同客户的影响程度，从而才能分析不同灰分硫分的煤炭对客户满意度的影响程度。

③订单响应时间。从客户发出订单信息，到企业受理，再到煤炭等产品经运输到达客户，需要一段时间，对于不同客户来讲，这段时间对其生产的影响也不同，所以需要确定这个时间差对不同客户的重要程度，帮助企业做出决策。

④企业为客户设定的权重。客户消费的煤炭量有大有小，客户对煤炭质量的要求也不尽相同，煤炭企业需要根据不同客户的订单对企业综合目标的影响程度，结合企业实际情况，为不同客户设置权重。

根据以上分析，建立煤炭企业客户满意度模型：

$$\max\mu = \sum_k \theta_k \left[\rho_{k1} \sum_n \omega_{kn} \frac{Q_{kn}}{E_{kn}} + \rho_{k2} \sum_n \omega_{kn} \left(1 - \frac{S_{t'dkn} - S^*_{t'dkn}}{S^*_{t'dkn}} - \frac{A_{dkn} - A^*_{dkn}}{A^*_{dkn}} \right) + \rho_{k3} \left(\frac{|t_2 - t_1|}{t_1} \right) \right] \tag{5-7}$$

其中，k 客户对 n 商品煤在数量上的满意度为 Q_{kn}/E_{kn}，在时间上的满意度为 $|t_2 - t_1|/t_1$，对商品煤在质量上的满意度为：$1 - \frac{S^*_{t'dkn} - S_{t'dkn}}{S^*_{t'dkn}} - \frac{A_{dkn} - A^*_{dkn}}{A^*_{dkn}}$。

（3）公众对环保的满意程度。

公众对煤炭企业环境保护的满意程度主要体现在以下两个方面：

①煤炭的灰分和硫分。煤炭在洗选加工以后的灰分和硫分不同，公众出于环保的要求，煤炭的含灰量和含硫量越低，则客户的满意度越高；而灰分和硫分取决于洗选加工的力度，灰分和硫分越低，洗选成本越高。也就是公众的满意度是建立在煤炭企业对洗选的投入之上的。

②煤炭企业对矿区环境的治理。传统的煤炭运输基本上是“煤车一过，撒黑一路”，所以煤炭企业必须对矿区的污染情况进行治理，才能提高公众的满意度。治理力度越大，公众对环境的满意度越大。

建立公众对环境保护满意度的道格拉斯模型：

$$\max V = AC_{j2}^{\alpha} C_F^{\beta} \quad (5-8)$$

其中，A 是满意度系数，C_{j2} 是单位煤炭的洗选成本，C_F 为处理废弃物成本。

5.2.4 约束条件

煤炭企业生产客观上存在一定的约束，为此，我们可以建立约束条件如下：

$$X_i \leq A_i \text{（矿井能力约束）} \quad (5-9)$$

$$Y_j \leq B_j \text{（洗煤能力约束）} \quad (5-10)$$

$$X_i = \sum_j X_{ij} + \sum_k Z_{ik} \text{（各矿井生产平衡）} \quad (5-11)$$

$$Y_j = f_2(A_{dkn}, S_{t'dkn}, C_{j2}) \text{（洗煤能力函数）} \quad (5-12)$$

$$Y_j = \sum_i X_{ij}\text{（各洗煤厂原煤入洗平衡）} \tag{5-13}$$

$$\sum_k \sum_n Q_{kn} \leqslant \sum_j Y_j\text{（煤炭总量约束）} \tag{5-14}$$

$$\sum_i \sum_j X_{ij} + \sum_j \sum_m Y_{jm} + \sum_m \sum_k \sum_n Z_{mkn} + \sum_i \sum_k Z_{ik} \leqslant T\text{（运输能力）} \tag{5-15}$$

5.2.5 优化模型

煤炭企业不仅追求整体利润最大化目标，追求客户满意度最大化目标，同时兼顾公众对环境保护的要求，既要保证利润的实现，又要尽量满足客户需求，还要减少对环境的污染和资源的浪费，保证企业可持续发展，实现企业长期利润，这几个目标不可能同时实现，并且若想使总目标达到最大，就必须为这几个目标设置权重，使它们的加权值达到最大，这样的问题就称为多目标优化问题。为了对煤炭企业三个能同时实现最优化的目标进行优化，构建了煤炭内部供应链系统多目标优化模型（5－16），式（5－1）、式（5－7）和式（5－8）是这个模型目标函数：

$$\max U = R - C_S - C_T - C_F - C_K$$

$$\max\mu = \sum_k \theta_k\left[\rho_{k1}\sum_n \omega_{kn}\frac{Q_{kn}}{E_{kn}} + \rho_{k2}\sum_n \omega_{kn}\left(1 - \frac{S_{t'dkn} - S^*_{t'dkn}}{S^*_{t'dkn}} - \frac{A_{dkn} - A^*_{dkn}}{A^*_{dkn}}\right) + \rho_{k3}\left(\frac{|t_2 - t_1|}{t_1}\right)\right]$$

$$\max V = AC_{j2}^{\alpha}C_F^{\beta}$$

$$ST = \begin{cases} R = \sum_{k=1}^{K}\sum_{n=1}^{N} Q_{kn}P_{kn} \\ C_S = \sum_i X_i C_{i1} + \sum_j Y_j C_{j2} \end{cases}$$

$$ST=\begin{cases} C_T=\sum_i\sum_j X_{ij}S_{ij}+\sum_j\sum_m Y_{jm}U_{jm}+ \\ \quad \sum_m\sum_k\sum_n Z_{mkn}R_{mk}+\sum_i\sum_k Z_{ik}V_{ik} \\ C_F=f_1(x_1,x_2,\cdots,x_i) \\ C_K=f_2(x_1,x_2,\cdots,x_i,q_1,q_2,\cdots,q_n,t_2-t_1) \\ X_i\leqslant A_i; \\ Y_j\leqslant B_j \\ X_i=\sum_j X_{ij}+\sum_k Z_{ik} \\ Y_j=\sum_i X_{ij} \\ \sum_k\sum_n Q_{kn}\leqslant\sum_j Y_j \\ \sum_i\sum_j X_{ij}+\sum_j\sum_m Y_{jm}+\sum_n W_n+ \\ \quad \sum_m\sum_k\sum_n Z_{mkn}+\sum_i\sum_k Z_{ik}\leqslant T \end{cases} \tag{5-16}$$

5.3 模型求解

5.3.1 煤炭企业内部绿色供应链优化模型的特点

(1) 集成性，建立的模型集成了大型煤炭企业供应链系统中的矿井、洗选中心、仓储中心和销售中心的生产决策信息。

(2) 环境保护导向性，环境保护也是企业的责任，社会公众对环保的要求使企业增加在供应链环节中对废弃物的处理成本，同时也需要企业引进先进的设备和技术。

(3) 客户需求导向性，以销定产是煤炭企业生产的宗旨，要求煤炭企业根据客户需求随时调整企业自身的生产加工进度。煤炭企业可以根据市场上客户反馈回来的需求信息变化情况，改变模型的参数，进行决策分析，解出决策结果。

（4）多目标性，在模型中，不仅要考虑企业自身的经济利益，还需要兼顾客户满意度和公众对环保的要求，企业既要追逐利润，也要保证客户满意度，还要通过生产过程中废弃物处理的投入来保证公众对环保的要求，模型具有科学性。

5.3.2 模型的求解策略和算法设计

由于本书构建的供应链决策模型是具有多重目标的模型，而这种模型的求解过程比较复杂，为了求解方便，选择转化为目标规划模型进行求解。

（1）在进行优化时，要尽可能地减小煤炭企业的经济利益与目标利润值的差值，假设企业目标利润为 U^*，设 d_1^-、d_1^+ 为企业利润与目标利润的差额，则：

$$\begin{cases}\min d_1^- \\ \dfrac{R - C_S - C_T - C_F - C_K}{U^*} + d_1^- + d_1^+ = 1\end{cases} \tag{5-17}$$

（2）决策时也要尽量减小煤炭企业客户满意度与 1 的差值，设 d_2^-、d_2^+ 为煤炭企业客户满意度与数值“1”的偏差，则：

$$\begin{cases}\min d_2^- \\ \sum\limits_k \theta_k\left[\rho_{k1}\sum\limits_n \omega_{kn}\dfrac{Q_{kn}}{E_{kn}} + \rho_{k2}\sum\limits_n \omega_{kn}\left(1 - \dfrac{S_{t'dkn} - S_{t'dkn}^*}{S_{t'dkn}^*}\right.\right. \\ \left.\left. \quad - \dfrac{A_{dkn} - A_{dkn}^*}{A_{dkn}^*}\right) + \rho_{k3}\left(\dfrac{|t_2 - t_1|}{t_1}\right)\right] + d_2^- + d_2^+ = 1\end{cases} \tag{5-18}$$

（3）设 d_3^-、d_3^+ 为社会公众对煤炭企业环境保护满意度的数量偏差，则社会公众满意度与 1 的偏差要尽可能小：

$$\begin{cases}\min d_3^- \\ AC_{j2}^{\alpha}C_F^{\beta} + d_3^- + d_3^+ = 1\end{cases} \tag{5-19}$$

（4）目标规划的目标函数中有三个目标，可得煤炭内部供应链目标优化决策模型（5－20），其中煤炭企业对自身经济利益、客户满意度和对公众环保满意度的权重分别为 λ_1、λ_2、λ_3。

$$\min = \lambda_1 d_1^- + \lambda_2 d_2^- + \lambda_3 d_3^-$$

$$ST = \begin{cases} \dfrac{R - C_S - C_T - C_F - C_K}{U^*} + d_1^- + d_1^+ = 1 \\ \sum_k \theta_k \Big[\rho_{k1} \sum_n \omega_{kn} \dfrac{Q_{kn}}{E_{kn}} + \rho_{k2} \sum_n \omega_{kn} \Big(1 - \dfrac{S_{t'dkn} - S^*_{t'dkn}}{S^*_{t'dkn}} \\ \qquad - \dfrac{A_{dkn} - A^*_{dkn}}{A^*_{dkn}} \Big) + \rho_{k3} \Big(\dfrac{|t_2 - t_1|}{t_1} \Big) \Big] + d_2^- + d_2^+ = 1 \\ R = \sum_{k=1}^{K} \sum_{n=1}^{N} Q_{kn} P_{kn} \\ C_S = \sum_i X_i C_{i1} + \sum_j Y_j C_{j2} \\ C_T = \sum_i \sum_j X_{ij} S_{ij} + \sum_j \sum_m Y_{jm} U_{jm} + \\ \qquad \sum_m \sum_k \sum_n Z_{mkn} R_{mk} + \sum_i \sum_k Z_{ik} V_{ik} \\ C_F = f_1(x_1, x_2, \cdots, x_i) \\ C_K = f_2(x_1, x_2, \cdots, x_i, q_1, q_2, \cdots, q_n, t_2 - t_1) \\ X_i \leqslant A_i \\ Y_j \leqslant B_j \\ X_i = \sum_j X_{ij} + \sum_k Z_{ik} \\ Y_j = \sum_i X_{ij} \\ \sum_k \sum_n Q_{kn} \leqslant \sum_j Y_j + \sum_n W_n \\ \sum_i \sum_j X_{ij} + \sum_j \sum_m Y_{jm} + \sum_n W_n + \\ \qquad \sum_m \sum_k \sum_n Z_{mkn} + \sum_i \sum_k Z_{ik} \leqslant T \end{cases} \quad (5-20)$$

（5）广义遗传算法。

由于传统的遗传算法具有“早熟”的缺点，而且收敛速度慢[122][123]，尽管有很多学者进行了研究，但仍未从根本上解决这些问题，对于所建立的模型，用胡桂武教授提出的广义遗传算法（Generalized Genetic Algorithm，GGA）进行求解[124]：

Step 1：生成 K 代种群：POP_1，POP_2，POP_3，…，POP_k（每一代的个数都是相同的）。

Step 2：生成第 K+1 代种群（由 POP_1，POP_2，POP_3，…，POP_k 随机杂交而成），具体操作步骤如下：

Step 3：选择一个随机数 q，在区间［1，K-L］中（L 表示不能近亲繁殖代数的参数）。

Step 4：选择第 q 代种群 POP_q 与第 k 代种群 POP_k 杂交，生成第 K+1 代种群 POP_{k+1}。

Step 5：对第 K+1 代种群 POP_{k+1} 进行变异操作，得到最终的第 K+1 代种群 POP_{k+1}。

Step 6：若 k=k+1 时，收敛，转 Step 7，否则转 Step 3。

Step 7：得出最优解，结束。

（6）算法流程。

对于传统遗传算法所出现的问题，无法做到根除，广义遗传算法是针对供应链问题设计的，虽然也存在不足，但对求解供应链优化问题比较有效。具体的流程如图 5.1 所示。

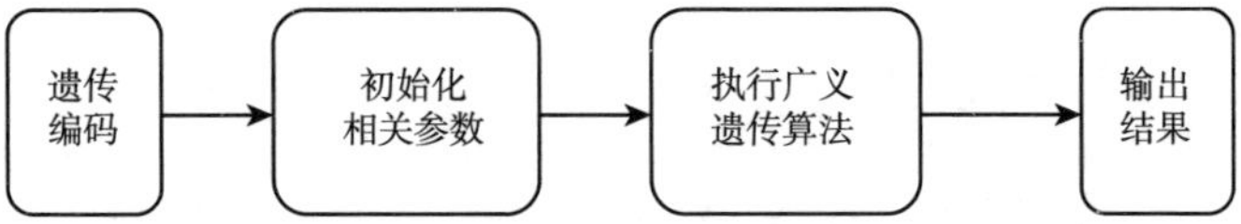

图 5.1　算法流程

5.4　开滦集团内部供应链优化模型

5.4.1　开滦集团内部供应链基本情况

开滦集团公司下设唐山和蔚州两个矿区，其中唐山矿区有9个矿井，蔚州矿区有6个矿井，每个矿区各有一个选煤厂、一个销售中心，假设只有两种商品煤，每个矿区各有三个固定客户。供应商选为生产原煤的矿井，生产商设置为洗煤中心，最终到客户手中的产品包括两种：经洗选加工的商品煤1和原煤2，产品由销售商进行分销，也有部分原煤是由矿井直接销售的。本章运用开滦煤矿两个矿区2011年的数据进行模拟，供应链内部矿井、洗选中心成本等参数如表5.1、表5.2、表5.4和表5.5所示，煤炭供应链客户的需求变量参数如表5.3和表5.6所示（购买煤炭的散户用k=0来表示）。

表5.1　开滦集团唐山矿区煤炭供应链矿井内部参数

i	A_i/万吨	C_{i1}/元	V_{ik}/元	S_{i1}/元
1	335	310	35	20
2	235	280	31	30
3	275	293	30	24
4	265	298	30	18
5	175	305	32	19
6	230	307	31	26
7	160	303	33	30
8	140	301	32	27
9	155	299	30	25

表 5.2　开滦集团唐山矿区煤炭供应链生产、销售商参数

B_1/万吨	C_{j2}/元	U_{jm}/元	ρ_{k1}	ρ_{k2}	ρ_{k3}	λ_1	λ_2	λ_3
1800	40	5	0.65	0.25	0.1	0.4	0.4	0.2

表 5.3　开滦集团唐山矿区煤炭供应链订单客户需求输入变量

k	E_{k1}/万吨	P_{k1}/元	A_{dk1}/%	$S_{t'dk1}$/%	E_{k2}/万吨	P_{k2}/元	A_{dk1}/%	$S_{t'dk2}$/%	θ_k
1	380	680	10	0.5	160	650	15	1.5	0.9
2	130	700	15	0.6	360	660	25	1.7	0.7
3	220	700	15	0.6	180	660	20	1.6	0.6
0	210	730	10	0.9	330	680	30	1.6	0.3

表 5.4　开滦集团蔚州矿区煤炭供应链矿井内部参数

i	A_i/万吨	C_{i1}/元	V_{ik}/元	S_{i2}/元
10	65	310	35	20
11	43	280	31	30
12	38	293	30	24
13	64	298	30	18
14	46	303	33	25
15	44	300	32	23

表 5.5　开滦集团蔚州矿区煤炭供应链生产、销售商参数

B_2/万吨	C_{j2}/元	U_{jm}/元	ρ_{k1}	ρ_{k2}	ρ_{k3}	λ_1	λ_2	λ_3
270	40	5	0.65	0.25	0.1	0.4	0.4	0.2

表 5.6　开滦集团蔚州矿区煤炭供应链订单客户需求输入变量

k	E_{k1}/万吨	P_{k1}/元	A_{dk1}/%	$S_{t'dk1}$/%	E_{k2}/万吨	P_{k2}/元	A_{dk1}/%	$S_{t'dk2}$/%	θ_k
4	60	680	10	0.5	40	650	20	1.5	0.9
5	35	700	15	0.6	35	660	25	1.7	0.7
6	30	700	10	0.6	40	660	20	1.6	0.6
0	50	730	15	0.9	20	680	25	1.6	0.3

5.4.2 开滦集团内部绿色供应链优化决策

在广义遗传算法中，初始的k代种群是随机生成的，设置种群规模为30，参数k为10，防止近亲繁殖的代数L为5，变异概率为0.6，交叉概率为0.8，并使用最优保留策略，重复计算20次，结果见表5.7。

表5.7 开滦集团期望最大利润

矿区	期望值（EV/万元）		
	最大值	最小值	算术平均数
唐山	84336.7	81627.6	82982.2
蔚州	14796.4	13795.3	14295.9
总额			97278.1

在20次计算结果中，得到唐山矿区利润期望的最大值为84336.7万元，最小值为381627.6万元，20次计算的平均值为82982.2万元；得到蔚州矿区利润期望的最大值为14796.4万元，最小值为13795.3万元，20次计算的平均值为14295.9万元，开滦集团的煤矿期望最大利润为97278.1万元。

根据计算结果，得到矿区生产决策表和矿销售决策表（见表5.8～表5.11）。

表5.8 开滦集团唐山矿区生产决策 单位：万吨

X_1	X_2	X_3	X_4	X_5	X_6	X_7	X_8	X_9	Y_1	Z_1
312	238	274	255	164	203	148	140	155	1800	1879

表5.9 开滦集团唐山矿区销售决策

K	A^*_{dk1}/%	$S^*_{t'dk1}$/%	Q_{k1}/万吨	订单满足率	A^*_{dk2}/%	$S^*_{t'dk2}$/%	Q_{k2}/万吨	订单满足率
1	10	0.8	248	0.98	25	1.5	82	1
2	10	0.8	297	1	25	1.5	173	0.98

续表

K	A^*_{dk1}/%	$S^*_{t'dk1}$/%	Q_{k1}/万吨	订单满足率	A^*_{dk2}/%	$S^*_{t'dk2}$/%	Q_{k2}/万吨	订单满足率
3	10	0.8	320	0.96	25	1.5	165	1
0	10	0.8	469	0.76	25	1.5	390	0.63

表 5.10　　开滦集团蔚州矿区生产决策　　单位：万吨

X_{10}	X_{11}	X_{12}	X_{13}	X_{14}	X_{15}	Y_2	Z_2
53	43	38	62	40	42	250	278

表 5.11　　开滦集团蔚州矿区销售决策

K	A^*_{dk1}/%	$S^*_{t'dk1}$/%	Q_{k1}/万吨	订单满足率	A^*_{dk2}/%	$S^*_{t'dk2}$/%	Q_{k2}/万吨	订单满足率
5	10	0.8	64	1	25	1.5	46	1
6	10	0.8	34	1	25	1.5	18	1
7	10	0.8	42	1	25	1.5	19	0.95
0	10	0.8	72	0.65	25	1.5	54	0.44

在传统的煤炭供应链决策模式中，煤矿通常是以获得最大收益为目标，在购买煤炭的客户中，谁出价高则优先向谁供应产品；对于那些经常大宗采购、出价较低但重要度较高的客户订单满足率较低；企业对那些获利能力较低的商品煤生产积极性不高，总是优先生产获利能力较高的商品煤；企业在销售决策中对商品煤的质量因素考虑较少；企业只是考虑到企业内部的效益，对环境的保护也只是维持在国家法律规定的水平上甚至不能达标，对供应链环节中生态环境的破坏也考虑不足。因此，单一的利润最大化目标决策会导致较低的客户满意度和公众对企业的不满以及资源的浪费，会对煤炭企业的可持续发展产生不利影响。

综合考虑了煤炭企业的利润目标和顾客满意度目标，同时兼顾社会公众对企业环境保护的满意度，运用建立的多目标优化模型对煤炭企业的生产、销售情况进行模拟，煤炭企业的生产、销售决策除了能够实现企业必要的经济利益外，还能保证客户在数量和质量上的需求，也能满足公众对环境保护的要求，有利于企业的可持续发展和实现绿色化目标，决策结果具有科学性。

6 煤炭绿色供应链废弃物回收系统仿真优化

大型煤炭集团煤炭绿色供应链系统是考虑了经济效益、社会效益和环境效益的供应链系统，煤炭绿色供应链废弃物系统是构成煤炭绿色供应链系统的重要部分。在大型煤炭企业获得必要经济效益的前提下，煤炭绿色供应链废弃物系统仿真优化的过程是以对废弃物的利用效益实现最大化，尽可能减少煤炭生产利用过程中对环境的破坏为目的的。

6.1 煤炭绿色供应链废弃物回收系统分析

循环经济主要是实现资源利用减量化、废弃物的再循环和产品的再使用。以此形成循环经济的三个重要原则（也称为“3R”原则），即“减量化（Reduce）、再循环（Recycle）和再使用（Reuse）”。循环经济“3R”原则可以用来指导供应链对物质资源的使用，在煤炭绿色供应链管理中称其为“3R”供应链。“3R”供应链主要是内容为：使用最少的供应链资源投入来达到既定供应链服务目标，让供应链资源减量化使用；在利用供应链资源时，要按照规章制度对资源进行保养、维护，已经损坏的资源要尽可能地进行修复，使其再次回到供应链当中；加大循环利用技术的使用，减少最终处理的废弃物量，变废为宝[125]。

煤炭在开采和利用过程中，主要在三个环节产生废弃物。第一，瓦斯、矿井水、矸石等，这些物质是在煤炭开采时产生的；第二，矸石（洗矸）、中煤和煤泥，这些物质是在煤炭洗选加工过程中产生的；第三，粉尘、粉煤灰渣、SO_2、CO_2、NO_2和CH_4等会对大气造成污染的物质，这些物质是在煤炭被利用时产生的。煤炭绿色供应链废弃物系统就是实现对废弃物进行收集、处理、再利用的过程，我们要做的就是对在这个过程中所形成的物质流动进行优化。当然，这一切都要满足两个条件：一是在技术可行的条件下，二是实际需要。为此应建立一个绿色供应链废弃物系统，这个供应链应该具有保护环境的作用和避免二次污染的作用。从保护环境的角度出发，实现对废弃物的再使用和再循环，从而实现对废弃物的综合利用，进而减少废弃物供应链的流量；从二次污染的角度来看，对废弃物的充分利用可以使煤炭在生产过程中更接近于绿色化，建立的绿色废弃物供应链系统如图 6.1 所示。

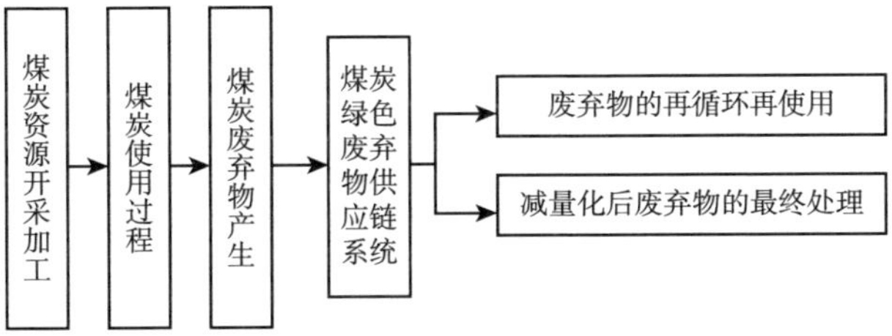

图 6.1 煤炭绿色废弃物供应链系统

从图 6.1 可以看出，煤炭绿色供应链废弃物系统不是一个简单的系统，依据前面提到的减量化、再循环和再使用原则，在供应链中，为了给煤炭企业创造出经济效益和环境效益，随着煤炭的运动，产生的一系列废弃物会输入系统，对这些废弃物进行收集、处理，就可以使它们转化为可再循环利用的资源，或者是可以处理为用于绿色处理的废物，从而实现废弃物处理过程中企业与环境系统的双赢[126]。

煤炭供应链废弃物系统是以本书第 4 章所构建的大型煤炭企业绿色供应链系统的回收子系统，具体内容见 4.3.3 节，围绕“煤—电—建材”产业链，其以对废弃物的利用最大化为目标。

6.2 系统动力学介绍

系统动力学把系统论、控制论和信息论相结合，借助计算机进行仿真分析，根据所获取的数据进行分析，研究系统的结构和系统的动态变化过程，最终为决策者提供科学的依据。最早的系统动力学理论来源于美国，是由美国的福瑞斯特（J. W. Forrester）教授于1956年所创立[127]。旨在研究系统反馈结构及系统行为，因此可以把它看作系统科学和管理科学的一个分支。

6.2.1 SD的数学表达式

系统动力学的原理是把整个大系统划分为若干个相互关联的子系统，对各个子系统进行特征描述，重点描述系统的整体性和非线性，在划分系统时，各个子系统要能完整解释大系统内各个变量间的非线性关系和因果反馈关系，具体关系模型如下：

$$\begin{cases} S = (P, R_{jk}) \\ P = \{P_i \mid i \in I\} \\ R_{jk} = \{r_{jk} \mid j \in J, k \in K \text{ 且 } J + K = I\} \end{cases} \tag{6-1}$$

其中，S表示整个系统；P表示大系统中各个子系统；R_{jk}代表矩阵，主要说明各个子系统间的非线性函数关系。在众多子系统中，有一些是相对重要的，一些则不太重要。

6.2.2 系统动力学术语

运用系统动力学进行仿真模拟时，经常会遇到一些专用术语，如因果反馈、积累、流、延迟、仿真语言等，下面简单介绍一下：

（1）因果反馈。如果B事件的变化是由A事件变化引起的，B事件是A事件发生的结果，那么A事件就是B事件产生的原因，于是A事件和B事件便具有了因果关系。因果关系有正负之分，若A的增加造成B的增加，则它们是正因果关系；若A的增加导致B的减少，那么它们之间是负因果关系。

（2）流。流是系统中的活动和行为。系统中的任何变量都可以用流来表示，在模型中，流用各种有符号的有向线来表示。

（3）累积。在利用系统动力学时，认为一些变量是“流”，变量的改变就形成“积累”，流可以用来描述系统的性质和运动规律，累积可以用来解释系统的状态，系统累积的增量可以表述为流入和流出的差值。流率是流量的活动状态，称为决策函数，累积则是流量某一阶段的结果。任何决策过程均可用流的反馈回路来描述。

（4）延迟。延迟分为物质延迟和信息延迟。物质延迟是指物质在系统中流动过程产生输出落后于输入的过程；信息延迟是指信息在系统的传递过程中输出落后于输入或存在着感知的逐渐调整。

（5）仿真语言。系统动力学仿真语言具有 20 多种专用函数，而且具备 Dynamic Models 专用语言。随着系统动力学的发展，出现了各种各样的仿真软件，如 Matlab 工具包、Vensim、Anylogic、Powersim 等，本节使用 Vensim 软件来进行模拟。

6.2.3 系统动力学建模的过程

应用系统动力学解决问题时一般分为以下几步，如图 6.2 所示。

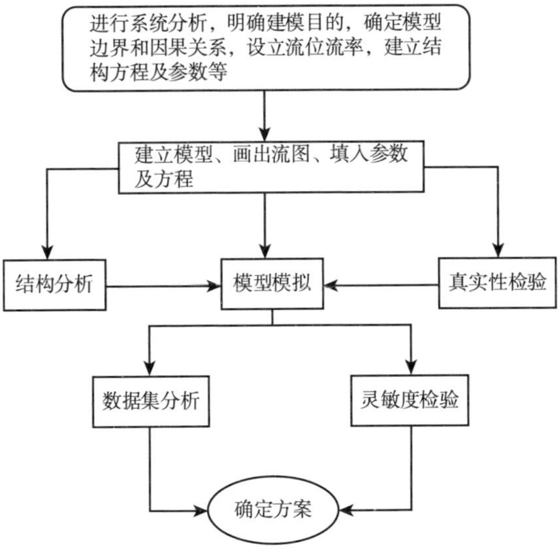

图 6.2 建模流程

6.2.4 系统动力学对本研究的适用

虽然系统动力学进入我国的时间比较晚，一共才 40 多年，我国专家和学者发挥他们的聪明才智，将其广泛利用，值得一提的是，在可持续发展战略研究领域的应用上取得了可喜的成绩。李龙清等（2006）基于系统动力学建立了煤炭工业可持续发展模型[128]。蒋衔武、孙菁（2008）和文东戈等（2008）利用系统动力学对矿区环境系统以及矿区生态系统构建模型[129]，并且进行仿真研究得出一些可观的成绩[130]。孙玉峰（2008）运用系统动力学对资源勘探开发系统进行了动态模拟[131]。以上提到的都是运用系统动力学对煤炭供应链前半部分进行研究的，Reid 等（2000）通过分析电厂生态工业园系统结构等因素，构建了园区模型，并且进行了模拟调控[132]。王灵梅等（2005）在构建了生态工业园系统仿真模型的基础上，对循环经济进行模拟研究，为其实现可持续发展提供了理论上的支持[133]。

系统动力学从系统内部入手进行建模，通过计算机仿真来寻找系统结构优化的路径，它能根据系统内要素间的因果关系来解决问题，系统动力学的基本假设是系统的行为由系统的结构决定，这正是其独特性所在。本章将煤炭绿色供应链废弃物回收系统作为一个复杂的整体，这个系统的内部参数会随着时间的变化发生转变，它的各个子系统在内力和外力的影响下，按照系统动力学的观点，会与外部环境间随时间推移按规律进行流的交换，包括物流、能流和信息流。运用系统动力学来模拟废弃物系统时，由于系统的复杂性，在系统中存在多条反馈回路和非线性结构，可以利用因果关系图和流图来描述像废弃物数量这样的变量，比较直观且能表达清楚变量之间的关系，所以系统动力学用于模拟分析和优化这类复杂系统非常合适。

在运用系统动力学进行模拟仿真时，数据的精确与否对仿真结果影响不大，系统结构和系统动态行为的设计则对结果有着显著的影响，而且煤炭废弃物数据的搜集、分析并不是一件简单易行的事，回收处理是个很复杂的过程，数据的缺失在一定程度上提高了模型的适用性。60多年以前，Forrester教授在分析供应链行为模式问题时，运用的就是系统动力学对数据精确度要求不高的原理。虽然系统动力学在仿真研究时没有精确的数据支持，但凭借其描述系统结构的准确性，随后的二三十年里，系统动力学逐渐被人们运用到供应链研究。20世纪末期，开始涌现出大量应用系统动力学研究的文献，但现在出现的大部分都是产品从生产到消费过程的研究文献，应用系统动力学对废弃物回收处理进行研究的文献出现的不多，如Bernd E. Hirsch et al.（1998）在考虑生命周期的基础上，利用Locomtive设计的循环再生网络，是开始比较早的对逆向物流的研究，现在被越来越多的决策者用于方案的选择[134]。系统动力学应用于废弃物回收利用系统的研究将更具优势，因为与传统正向物流不同，逆向物流的不确定性和复杂性等特点更为显著[135]。

6.3 煤炭绿色供应链废弃物系统仿真模型

6.3.1 模型边界和建模目的

在构建绿色供应链废弃物回收系统仿真模型时，需要选择系统中的一些要素进入模型，这些关键因素需要能反映出系统的特点，这些要素的选择过程也就是模型边界的确定过程。因此，通过对绿色供应链废弃物回收系统的分析，根据所构建的“煤炭—电力—建材”绿色循环运作模式，选取煤矸石、瓦斯等要素进入模型，确定系统动力学仿真模型的边界，以废弃物的综合利用最大化为原则进行仿真优化，遵循废弃物循环利用的“3R”原则，从而减小煤炭在消费中产生的废弃物对资源系统以及环境系统的影响。

构建系统动力学模型的目的是得出废弃物综合利用的最佳方案，

从而为煤炭企业进行科学决策时提供理论参考。通过研究回收系统的煤炭开采、煤炭洗选和煤炭发电三个煤炭废弃物综合利用子系统，所构建的“煤炭—电力—建材”绿色循环运作模式为基础，得出回收系统中废弃物综合利用过程，构建系统动力学仿真模型，设计三个不同的利用方案，并通过控制不同方案下关键因素的变化，得出不同利用方案下企业效益、废弃物排放量和综合利用产值等数据的变化趋势，这对煤炭企业实施绿色供应链做决策时有重要的意义。

6.3.2 系统因果关系分析

系统动力学模型是建立在一种系统因果反馈关系上的，而根据系统动力学原理，这种关系普遍存在于系统内部各要素间，且这种关系一般是非线性的。在利用系统动力学仿真时，这种关系是通过因果关系图的反馈回路来表达的。系统因果关系分析的最终目的就是画出系统的因果关系图，反映出各变量间的因果关系，这种关系在图中用反馈回路标出；在画出图形的基础上再对图中出现的系统关键因素进行分析。分析模型中关键因素的因果关系，对熟悉系统的整体结构会有很大帮助，在对模型进行结构分析、仿真模拟时也会有帮助。

煤炭绿色供应链废弃物系统不仅包括从煤炭实体流动的过程，经过矿井、洗选中心和电厂，还包括相互制约的要素，如开采量、发电量、瓦斯量等。只要是能被选到模型里的关键因素都会对最终的系统收益产生影响，由于要素间的关系十分复杂，需要对它们之间的因果关系进行整合，通过反馈回路对最终结果产生影响。通过对废弃物回收系统的关键要素分析，画出系统的因果关系如图 6.3 所示。

6.3.3 系统动力学模型构建

系统中变量的基本反馈关系和关联关系已经由前面的因果关系图表述出来，单变量间的定量关系并没有涉及，为了表达系统内要素间

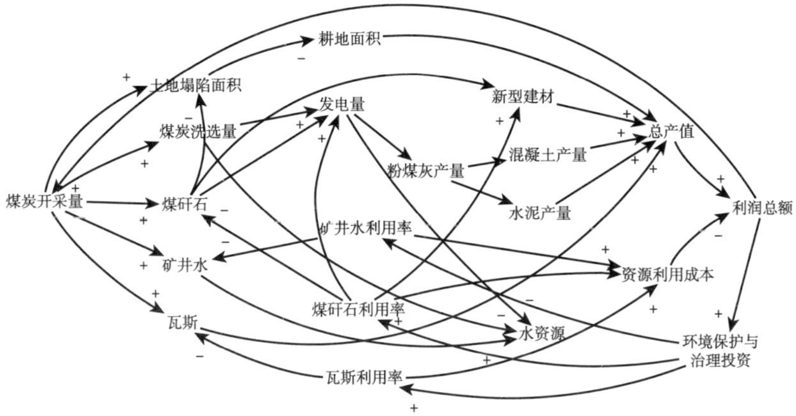

图 6.3 煤炭绿色供应链废弃物系统因果关系

更为复杂的关系，需要在详细分析因果关系图的基础上构建系统流图，把变量间的定量关系表述出来。

全面分析系统内各要素，根据煤炭在运动过程中废弃物产生的时期，将煤炭供应链废弃物系统拆分为三个子系统，分别为煤炭开采供应链废弃物子系统、煤炭洗选加工供应链废弃物子系统和煤炭发电供应链废弃物子系统，对这三个子系统分别建立系统流图。

（1）煤炭开采供应链废弃物子系统。

煤炭在开采时会产生一系列的除了煤炭以外的副产品，虽然现在的技术可以使这些副产品为人们所用，但利用率不是太高。副产品主要有煤层气瓦斯、矿井水、煤矸石等。瓦斯主要成分为 CH_4，可以为居民提供取暖、生活用气等；对于瓦斯浓度比较大的矿区也可以在矿区建立瓦斯电站，把瓦斯转化为电能，为矿区服务。这样既可以确保煤矿的安全，也可以增加企业的经济利益。煤炭开采时产生的矿井水富含磷、硫等矿物质，如果直接排到环境中会对环境造成水污染；煤炭洗选用水和生活用水都会造成水污染，然而在广大矿区水资源比较匮乏。在矿区建废水处理站，使生活用水、工业用水和矿井水经净化后可以再循环利用，增加废水的利用率；引进先进洗煤设备，减少煤炭洗选过程中的用水量，尽量降低废水的排放量。煤炭开采时还会产生煤矸石，这种矸石的含碳量极低，是在井下巷道掘进时产生的。国家规定，新开采的煤矿不准设置矸石堆放场地，所以煤矿要提高矸石的利用率，矸石可以用于修路、土地复垦及填充井下等，也可以用来生产矸石砖等建材。

在子系统建模时，为模型确定了七个状态变量，分别是瓦斯、耕地面积、可采储量、矸石量、水资源总量、瓦斯发电产值、矸石砖产值。以此为基础，为各状态变量设置速率变量、辅助变量，并且设置子系统的利用率等参数，本子系统的流图如图 6.4 所示。

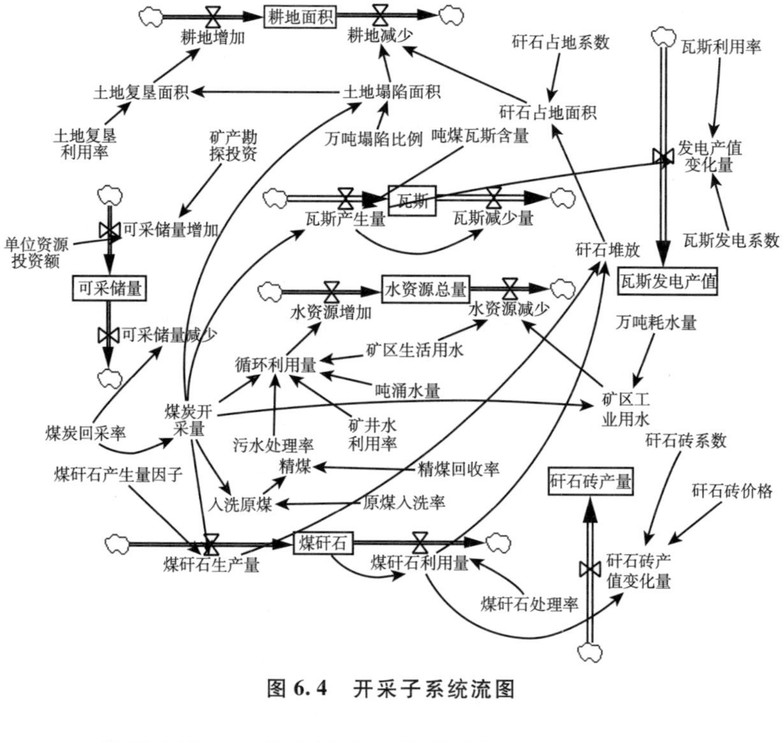

图 6.4　开采子系统流图

（2）煤炭洗选加工供应链废弃物子系统。

国家大力倡导提高煤炭入洗率，然而，在生产清洁能源的同时，也会产生大量的洗选废弃物，如洗中煤、煤泥、矸石等。这些废弃物的产生与原煤入洗率有很大的关系，入洗原煤多，则产生的废弃物就多；反之则少。为了加大这些废弃物的综合利用率，大型煤炭企业一般都在洗选中心周围建立以废弃物为原材料的电厂，为矿区和生活区供电，如煤泥发电厂和中煤发电厂等；还有一些煤炭，由于质量不好，洗选加工时会产生很大比重的废弃物，如果按照正常的流程消费，会浪费大量的运力，还会产生大量废弃物，为了消耗这类煤炭，企业应该建立坑口电厂。

本子系统建模时，为模型确定了四个状态变量，分别是发电用煤量、中煤发电产值、煤泥发电产值和洗矸发电产值。以此为基础，为各状态变量设置速率变量、辅助变量，并且设置子系统的利用率等参数，建立各变量间的相互关系，本子系统的流图如图 6.5 所示。

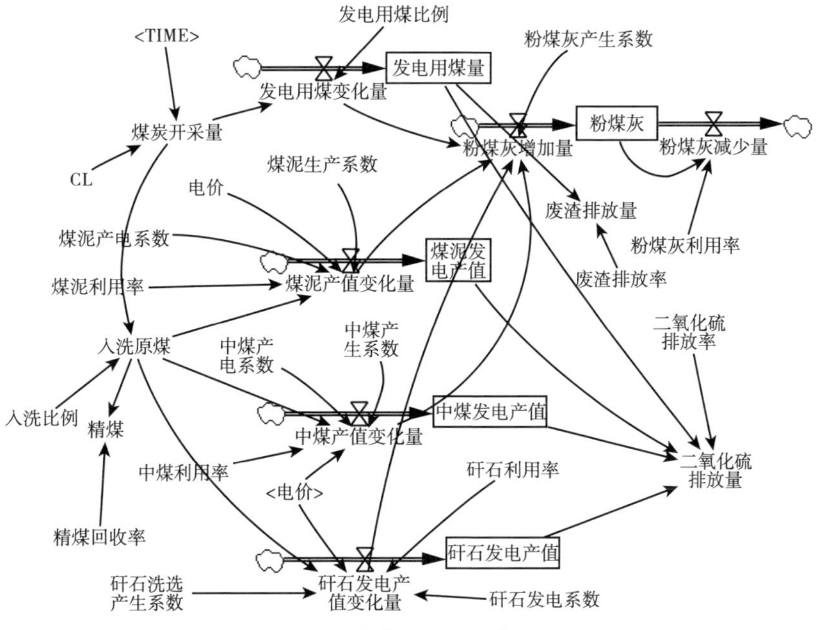

图 6.5 洗选加工子系统流图

（3）煤炭发电供应链废弃物子系统。

根据前面构建的“煤—电—建材”循环经济发展模式，有一部分煤炭要用来发电，煤炭在洗选加工时产生的煤泥、洗中煤等也要最大化利用来发电。煤炭在发电过程中就会因为燃烧产生 XO_2 等污染大气的气体和燃烧后的煤渣。发电子系统通过对发电产生的废弃物充分利用来实现对环境的最小破坏和企业利益的最大化，对于煤炭燃烧产生的粉煤灰、灰渣等固体，可以综合利用来生产新型建材，如水泥、混凝土和灰渣转等。前面讲到的是对固体废弃物的利用，对于电厂气体，若不经处理直接排放则会造成环境的严重污染，因而可以通过引进先进技术或改造现有设备，利用收集的废气生产石膏等产品，减少SO_2和固体颗粒的排放，尽量控制对环境的污染。

在模型中，煤炭燃烧产生粉煤灰，粉煤灰通过加工利用可以生产水泥、混凝土，它们都可以为企业带来一定的经济利益，它们的产值设置为状态变量。根据因果关系图，加上一些必要的参数变量，就能做出发电子系统的流图，如图 6.6 所示。

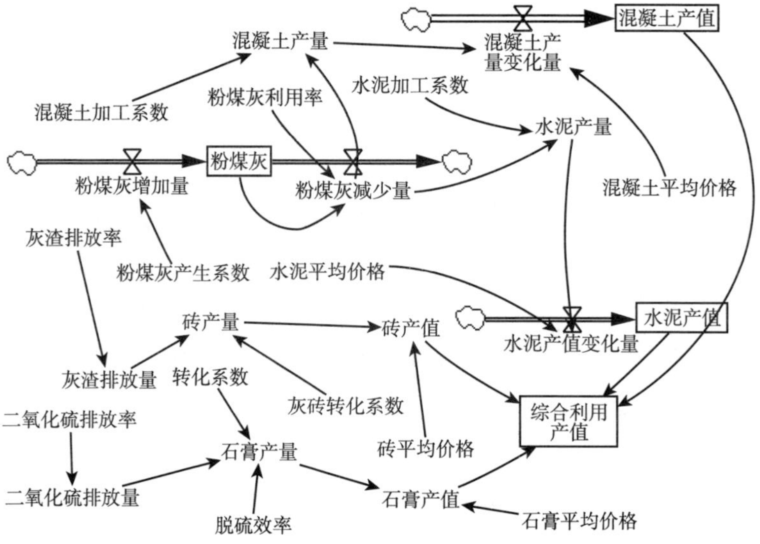

图 6.6　发电子系统流图

由前面的分析可知，三个子系统并不是孤立存在的，它们从前到后有着密切物质流动，前两个子系统通过煤炭产品相互联系，后两个子系统通过废弃物的产生与消耗相关联。根据整个系统和三个子系统间的关联关系，将前面建立的三个子系统的系统流图组合起来，就可以构建整个废弃物系统的流图，如图 6.7 所示。

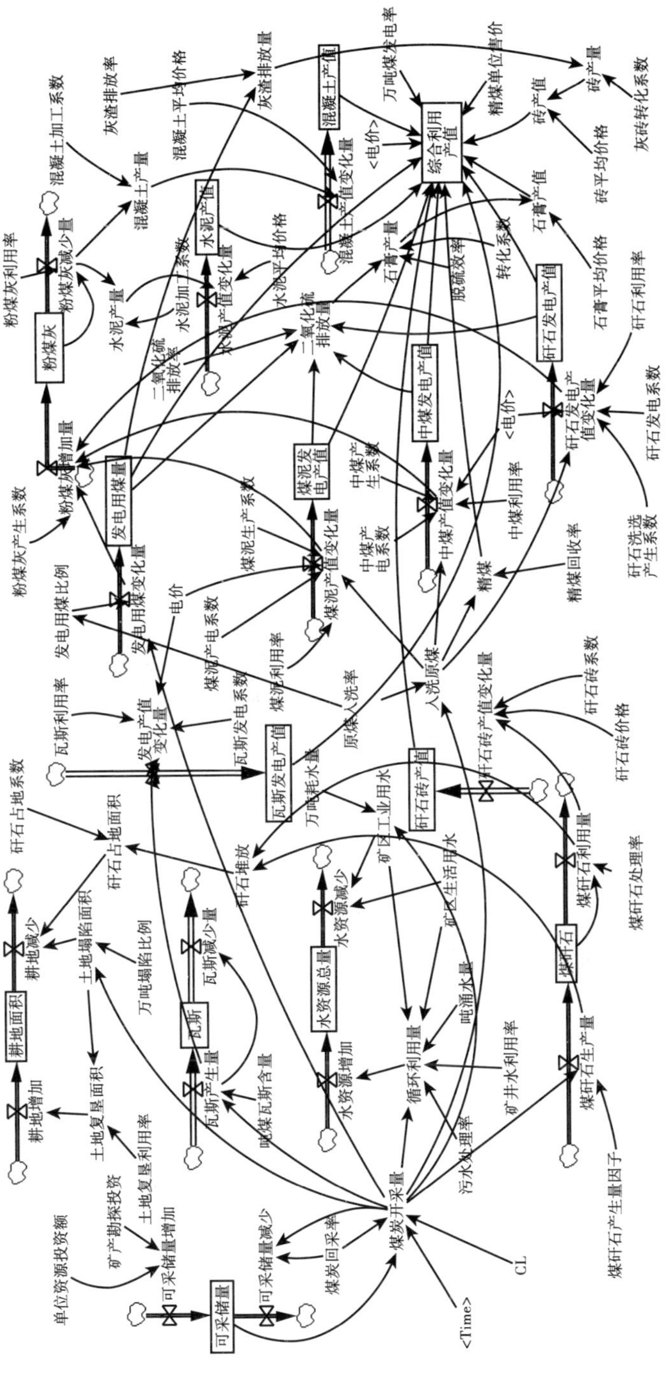

图 6.7　煤炭绿色供应链废弃物系统流图

6.4 煤炭绿色供应链废弃物系统动力学实证

开滦集团公司始建于1878年，为国有特大型煤炭企业，由河北省人民政府国有资产监督管理委员会直接监管，是河北省目前第二大煤炭企业。开滦（集团）有限责任公司前身为开滦矿务局，享有“中国煤炭工业源头”和“北方民族工业的摇篮”等盛誉。目前，开滦集团形成五大区域、七大战略基地的生产布局，分布在河北唐山、河北张家口蔚州、内蒙古鄂尔多斯、新疆伊犁和准东、山西介休地区和海外加拿大盖森地区，已发展成为一个集煤炭生产、洗选加工、煤化工、现代物流、装备制造、建筑施工、文化旅游和房地产开发等多产业并举的大型企业集团。

本节以开滦集团为例，以2007年数据为基准，时间步长为1年，模拟时间段选取为2007～2025年。基于开滦集团公司数据，借助Vensim Ple仿真软件，通过改变已建立模型中关键变量和参数的取值，完成对废弃物回收系统中十个主要变量的敏感性分析，得出系统综合利用效益的模拟趋势图。

6.4.1 系统参数和模型方程

模型运行和参数选择相结合是系统动力学模型调试的原则之一，本模型中所涉及的参数很多，并且有些参数的确定不太容易。对于模型中不易确定的参数，通过实验模拟法来确定，先试着用估计的参数值调试，然后在一定的范围内变动，当模型行为没有显著性变化时，该参数值也就确定下来了。

在建模时，有些参数随时间的变化非常明显，而有些则不明显，把那些受时间因素影响不大的参数取为常数。在估计系统中模型参数时，如在设置一些固定参数和转化率时，通过到现场调查、找工人询问和查询资料的方法获得，从《开滦集团可持续发展规划报告》和历年《开滦集团统计年鉴》中获取，还有一部分数据用数学方法或者是统计方法得到。

依据变量间的各种关系，根据获得的参数值、变量值，为了反映各变量间的关系，列出相应的系统动力学方程，详情见附录三。模型中主要方程为：

（1）矸石产生因子 =0.2；

（2）万吨塌陷比例 =0.2；

（3）入洗原煤 = 煤炭开采量 × 原煤入洗率；

（4）原煤入洗率 = RANDOM UNIFORM（0.4，0.9，0.4）；

（5）瓦斯发电产值变化量 = 电价 × 瓦斯利用率 × 瓦斯产生量 × 瓦斯发电系数；

（6）发电用煤变化量 = 煤炭开采量 × 发电用煤比例；

（7）可采储量减少 = 煤炭开采量/煤炭回采率；

（8）可采储量增加 = 矿产勘探投资/单位资源投资额；

（9）土地塌陷面积 = 煤炭开采量 × 万吨塌陷比例；

（10）土地复垦面积 = 土地塌陷面积 × 土地复垦利用率；

（11）水循环利用量 = 污水处理率 ×（矿区工业用水 + 矿区生活用水）+ 吨涌水量 × 煤炭开采量 × 矿井水利用率；

（12）水泥产值变化量 = 水泥产量 × 水泥平均价格；

（13）混凝土产值变化量 = 混凝土产量 × 混凝土平均价格；

（14）石膏产值 = 石膏产量 × 石膏平均价格；

（15）煤泥产值变化量 = 入洗原煤 × 煤泥产电系数 × 煤泥利用率 × 煤泥生产系数 × 电价；

（16）洗矸发电产值变化量 = 电价 × 入洗原煤 × 洗矸利用率 × 洗矸发电系数 × 矸石洗选产生系数；

（17）矸石堆放 = 煤矸石生产量 − 煤矸石利用量；

（18）矸石砖产值变化量＝煤矸石利用量×矸石砖价格×矸石砖系数；

（19）粉煤灰减少量＝粉煤灰×粉煤灰利用率；

（20）精煤＝入洗原煤×精煤回收率；

（21）耕地减少＝土地塌陷面积＋矸石占地面积；

（22）耕地增加＝土地复垦面积；

（23）综合利用产值＝电价×万吨煤发电率×发电用煤量＋电价×中煤发电产值＋电价×矸石发电产值＋电价×煤泥发电产值＋电价×瓦斯发电产值＋混凝土产值＋砖产值＋矸石砖产值＋水泥产值＋石膏产值＋精煤单位售价×精煤；

（24）煤炭年开采量，根据开滦集团现状和发展目标，2007 年的开采量为 3500 万吨/年，2012 年 6500 万吨/年，设定 2015 年 10000 万吨/年，2020 年为 15000 万吨。

6.4.2 模型结构分析

所建立的废弃物回收系统是个复杂的大系统，建立的系统动力学模型也没有把现实当中的所有因素考虑全面。在仿真时所模拟的情况不可能完全考虑现实的因素，当然也不能完全与现实不同，仿真效果是否理想，与它的结构是否合理有着重要关系。因此，在进行系统仿真之前，有必要对模型结构进行分析。

对模型结构的分析目的是检验所建立的模型能否较好地把绿色供应链废弃物回收系统的本质特征表现出来。利用 Vensim Ple 软件提供的因果树图（cause tree）方法进行模型结构分析，检验结果如图 6.8 至图 6.11 所示，这些因果树图能够有效地表示开滦集团废弃物回收系统的真实逻辑情况。因此，通过对模型的结构分析，本书认为所建立的模型能够很好地模拟煤炭绿色供应链废弃物回收系统。

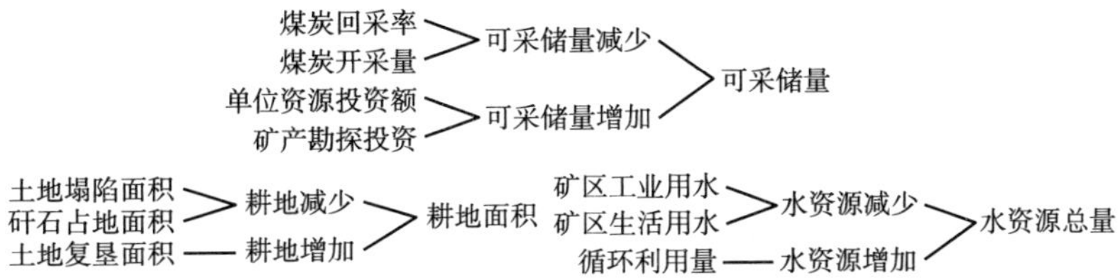

图 6.8 水资源总量、可采储量和耕地面积因果树图

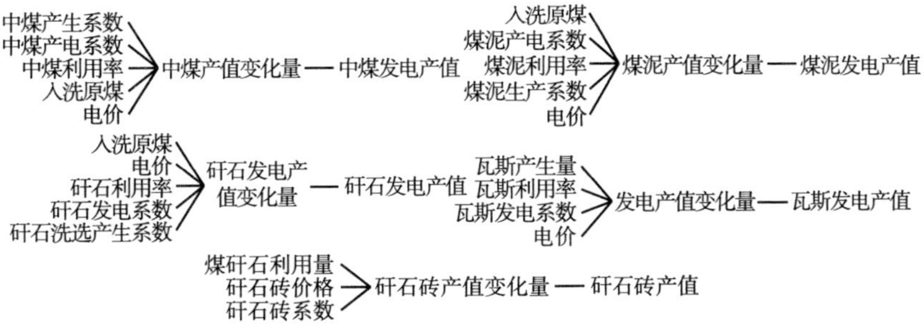

图 6.9 煤泥、矸石等洗选废弃物利用情况因果树图

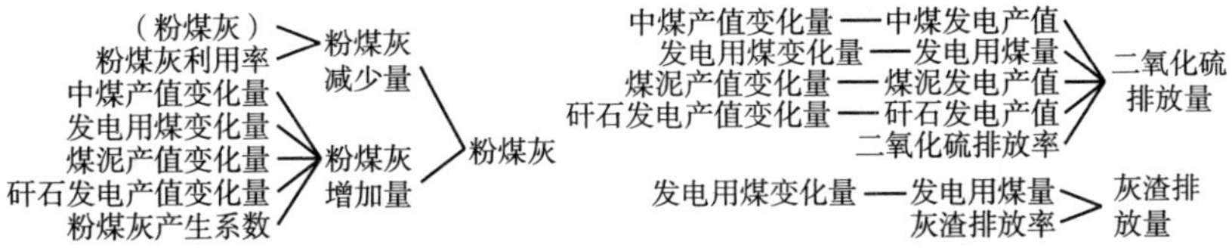

图 6.10 粉煤灰、SO_2和灰渣产量因果树图

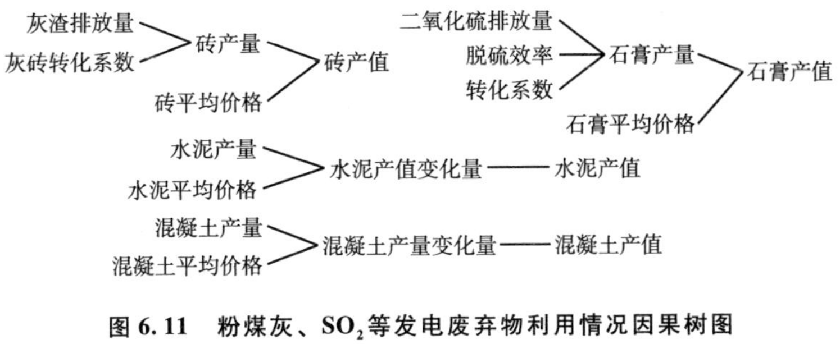

图 6.11 粉煤灰、SO_2等发电废弃物利用情况因果树图

6.4.3 不同供应链废弃物利用方案下灵敏度分析

灵敏度分析是指分析一个系统的自变量变化或者周围环境变化对因变量的影响程度的方法，在选择或者评价最优方案时往往采用此方法，其公式可以表示为：

$$S(t)=\frac{\frac{\Delta Y(t)}{Y(t)}}{\frac{\Delta X(t)}{X(t)}} \tag{6-2}$$

如果因变量的变化在很大程度上是由自变量的变化引起的，那么就说明这个自变量在模型中是敏感性因素，这个变量的改变会引起模型灵敏的变化；相反，如果改变这一自变量的取值，则模型没有显著变化。为了保证模型的准确度，需要将敏感性因素优化之后再代入系统动力学模型中进行模拟。

前面对模型进行了结构分析和对关键变量进行了灵敏度分析，发现包括煤炭回采率、土地复垦利用率、原煤入洗率、矿井水利用率、污水处理率、瓦斯利用率、中煤利用率、煤泥利用率、煤矸石利用率、粉煤灰利用率在内的 10 个指标对模型影响比较大。根据分析，选择以上 10 个指标作为控制变量进行研究，然后通过三种具有代表性的废弃物供应链利用方案，根据参数取值的变化进行比较分析。各方案的参数取值情况如表 6.1 所示。

表 6.1　　控制参量在不同利用方案下的取值

相关参数	废弃物回收系统利用方案		
	方案一（灰色）	方案二（浅绿色）	方案三（绿色）
煤炭回采率	40%	65%	88%
土地复垦利用率	20%	55%	90%
原煤入洗率	30%	70%	90%

续表

相关参数	废弃物回收系统利用方案		
	方案一（灰色）	方案二（浅绿色）	方案三（绿色）
矿井水利用率	60%	73%	90%
污水处理率	60%	75%	95%
瓦斯利用率	20%	60%	100%
中煤利用率	60%	80%	100%
煤泥利用率	60%	80%	100%
煤矸石利用率	30%	55%	100%
粉煤灰利用率	30%	70%	100%

方案一：灰色供应链废弃物利用方案。在该方案实行的情况下，环境破坏和资源浪费都比较严重，生态效益得不到保证。因此，选取的参数如煤炭回采率、原煤入洗率等一系列指标参数都在较低水平。根据开滦集团历史数据和当时同行业的平均水平，如设置的煤炭回采率比较低，仅为40%[136]。

方案二：浅绿色（国家标准）供应链废弃物利用方案。煤炭企业为适应国家法律法规的要求，必须达到一定的废弃物处理标准，否则监管部门不允许生产，对于这种最低标准的合法绿色，称为浅绿色废弃物供应链方案。该方案选取的参数是以国家法规政策为依据的，例如，依据环保总局2005年发布的文件《矿山生态环境保护与污染防治技术政策》，设置该利用方案下的原煤入洗率为70%，土地复垦率为55%。

方案三：绿色供应链废弃物利用方案。该方案强调企业与环境的协调发展，最大限度地实现废弃物利用的“3R”原则，以达到经济、环境、社会三个方面效益的统一。因此，在选取该方案的参数时，基本上超过（环发〔2005〕109号）的国家标准，有的甚至超过行业先进水平。如国家规定资源回采率为0.82，根据其他先进企业的数据显示可达到88%[137]；一些指标设置得比较高，如洗矸石、中煤和煤泥的综合利用率为1，也是按照国家法规设定的，环保总局发布的《煤炭工业污染物排放标准》规定，新开煤炭企业洗煤产生的中煤、煤泥和矸石要全部利用。

假定方案一作为参照物，与方案二和方案三比较。为了分析不同利用方案下废弃物回收系统各变量综合利用变化情况，下面利用系统动力学进行分析，在改变主要参数取值的情况下，得到废弃物在不同利用方案下一些主要变量的变化趋势。在模拟区间（2007～2025年）仿真结果如图6.12至图6.26所示。

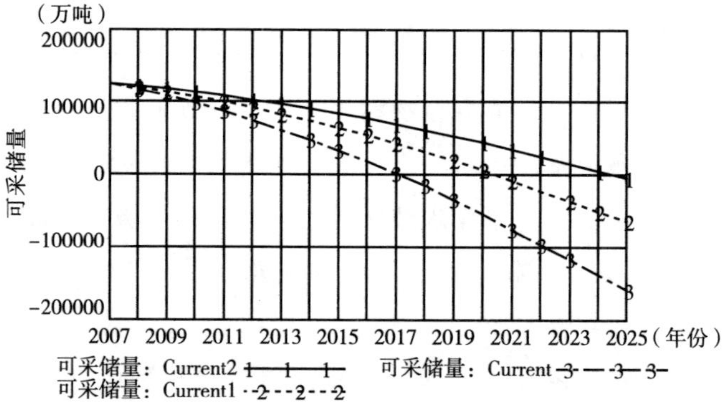

图6.12　不同利用方案下可采储量的对比分析

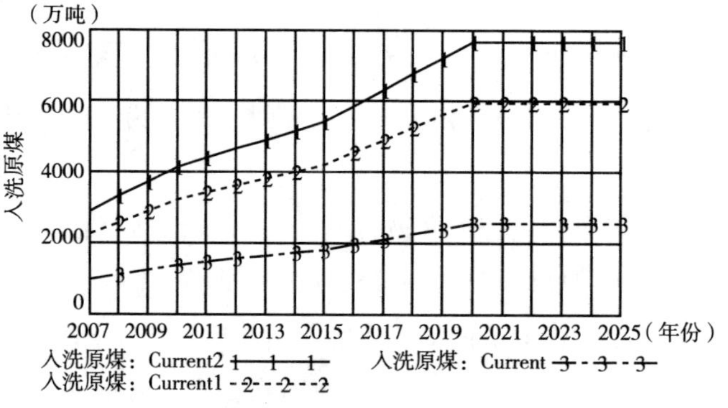

图6.13　不同利用方案下原煤入洗量对比分析

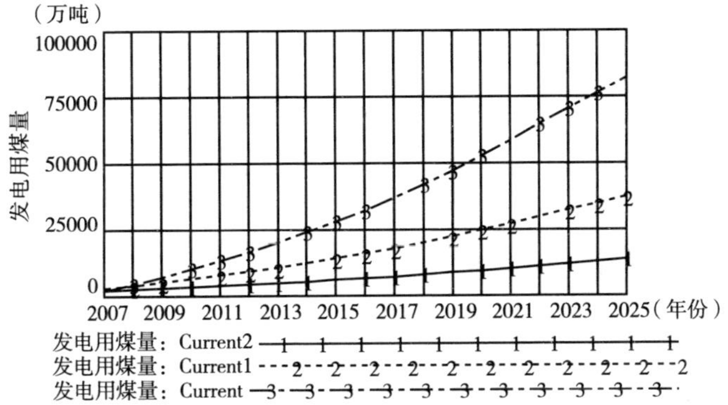

图 6.14 不同利用方案下发电用煤量对比分析

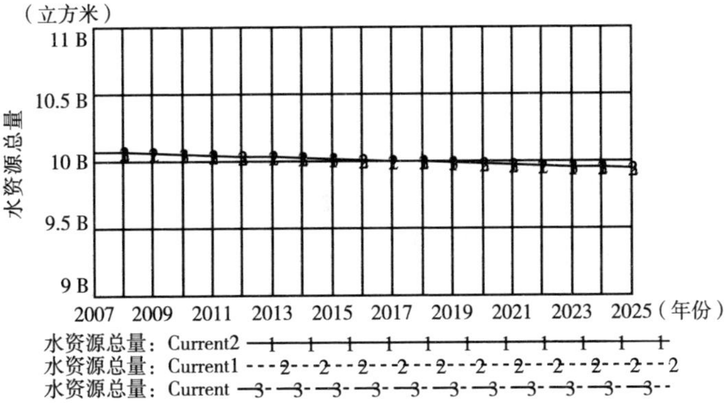

图 6.15 不同利用方案下水资源总量对比分析

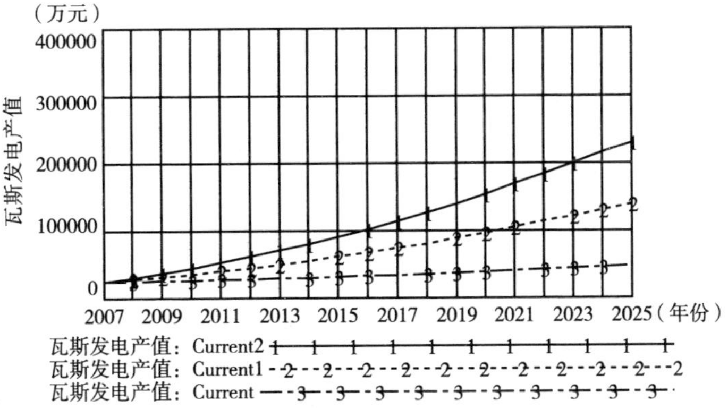

图 6.16 不同利用方案下瓦斯发电产值对比分析

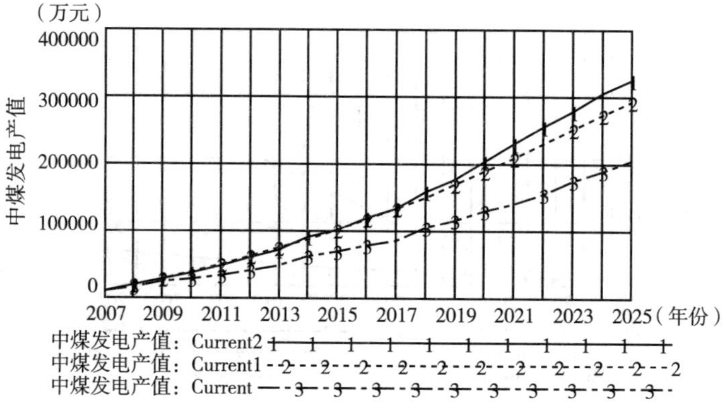

图 6.17　不同利用方案下中煤发电产值对比分析

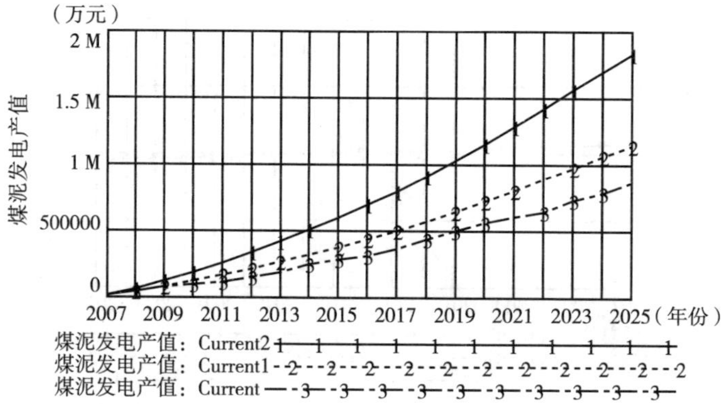

图 6.18　不同利用方案下煤泥发电产值对比分析

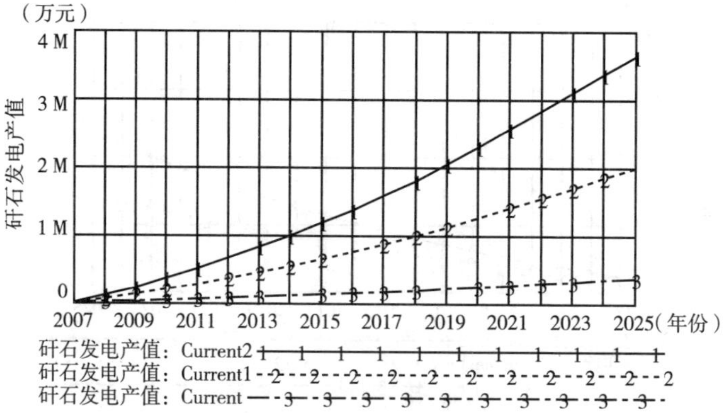

图 6.19　不同利用方案下洗矸发电产值对比分析

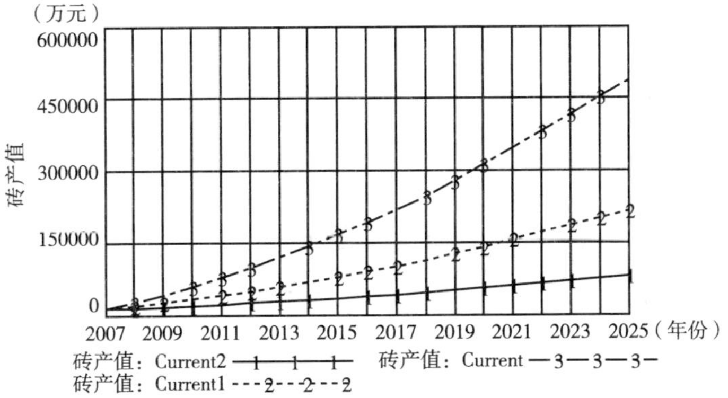

图 6.20　不同利用方案下砖产值对比分析

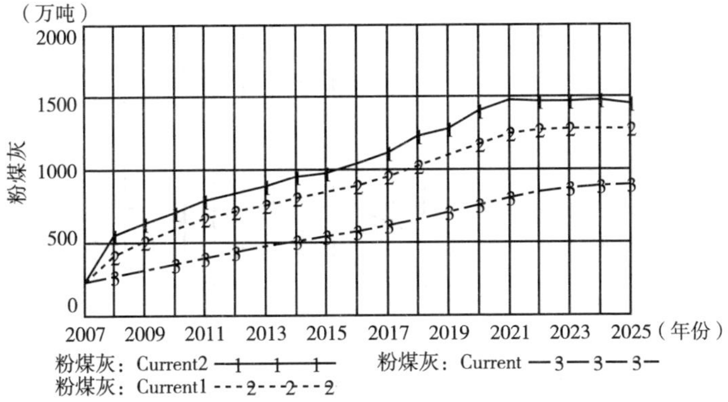

图 6.21　不同利用方案下粉煤灰产量对比分析

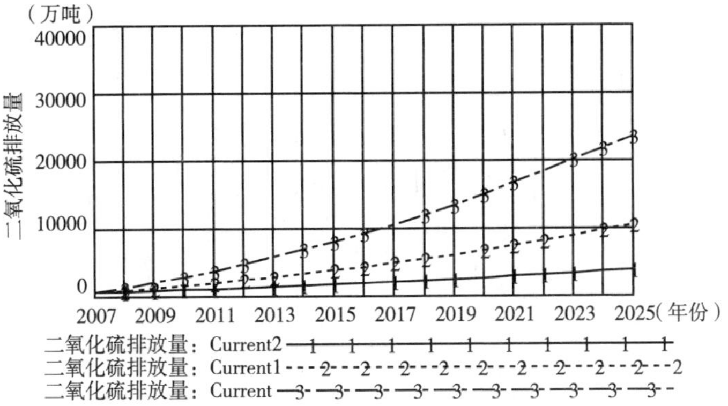

图 6.22　不同利用方案下二氧化硫排放量对比分析

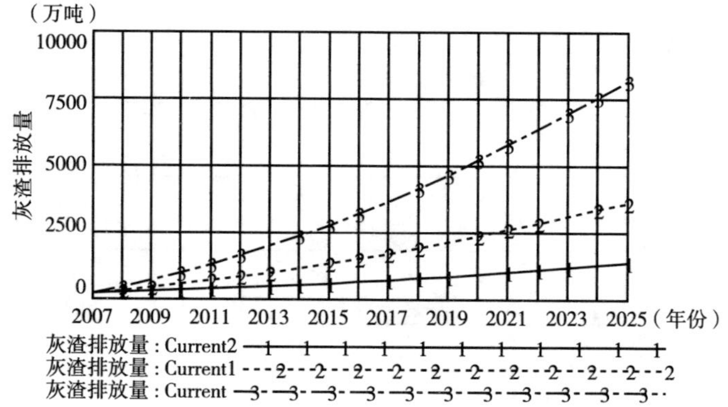

图 6.23　不同利用方案下灰渣排放量对比分析

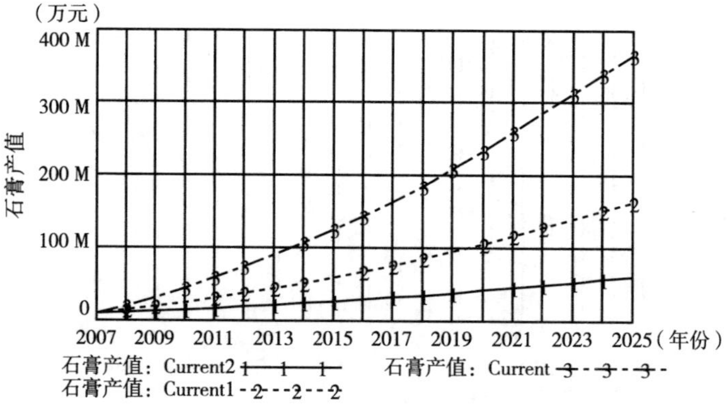

图 6.24　不同利用方案下石膏产值对比分析

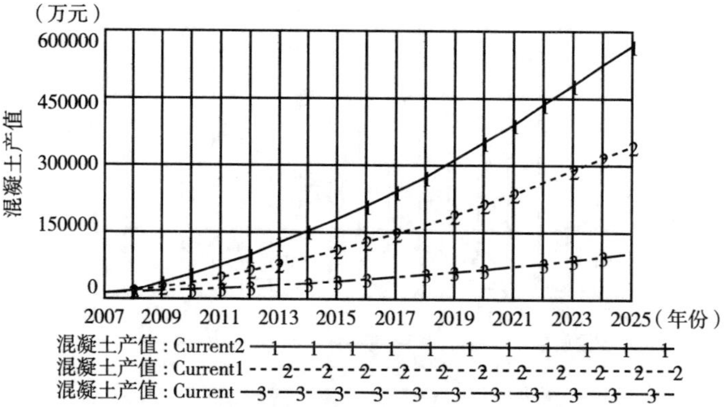

图 6.25　不同利用方案下混凝土产值对比分析

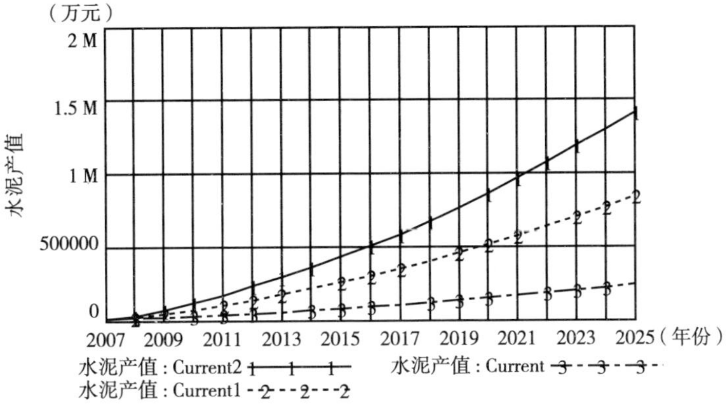

图 6.26　不同利用方案下水泥产值对比分析

根据以上仿真结果，可以得出以下结论：

（1）不同方案下参数的变化对系统产生的影响程度不同。与方案一和方案二相比较，方案三下废弃物得到了综合有效的利用，可以促进产值明显增加，而且最大限度地减少废弃物排放，减小对环境的污染，废弃物的综合利用兼顾了企业的经济效益与公众的环境效益。

（2）随着供应链前端开采量的增加，水资源总量、可采储量两个变量在整体上呈现出下降的趋势，但在实施方案三时，减少的趋势最缓慢。这说明煤炭企业可以通过治理废弃物、提高综合利用率来提升自身的可持续发展能力，让供应链对环境坏的影响降到最低。

（3）采用绿色方案，以供应链对环境影响的最小化为目标，进行大型煤炭企业绿色供应链系统的整体设计，才是煤炭供应链可持续发展的可行之路。模拟结果表明，开滦集团以废弃物为基础，形成废弃物综合利用产业链，发展其下游产品，实现其废弃物回收绿色方案，能够取得可观的经济利益与环境效益，也能够促进经济与生态环境的相互协调。

基于循环经济强调的废弃物资源利用的“3R”原则，本章以开滦（集团）有限责任公司为例，依据所构建的绿色供应链废弃物回收子系统，建立了煤炭绿色供应链废弃物子系统系统动力学仿真模型，通过改变不同方案下煤矸石、粉煤灰等系统关键参数变量，模拟三种利用方案下废弃物利用产值及排放量的变化趋势，并对模拟结果进行了比较分析。结果表明，在绿色供应链废弃物利用方案下，废弃物能得到最有效的利用，也能带来明显的经济利益和环境效益；同时也表明所构建的煤炭绿色供应链废弃物回收子系统系统动力学仿真模型具有可行性，能够为实施煤炭绿色供应链废弃物回收提供科学决策与理论依据。

循环经济视角下大型煤业集团煤炭绿色供应链系统构建与优化研究
Chapter 7

7 结论与展望

7.1 研究结论

本书以循环经济和可持续发展理论为背景，对现行煤炭供应链特点进行分析，根据国内外相关研究成果，提出了煤炭绿色供应链（C－GSC）的概念。分析了实施煤炭绿色供应链管理的内外部影响因素，基于复杂适应系统理论总结出煤炭绿色供应链的运行模式，构建了煤炭绿色供应链概念模型。运用多目标优化方法对煤炭企业内部供应链系统进行优化，并利用系统动力学模型对开滦集团的供应链废弃物回收系统进行仿真优化。为煤炭企业实施绿色供应链管理提供理论依据和决策支持。主要结论如下：

（1）提出煤炭绿色供应链的概念。根据煤炭在国民经济发展中的重要地位，煤炭将在我国经济发展中长期起着主导作用，但煤炭从开采、生产、加工、物流、消费等环节对资源、生态和环境的负面影响日益加剧。本书分析目前煤炭供应链运行现状，根据循环经济理论、可持续发展战略提出煤炭绿色供应链的概念，并分析了构建煤炭绿色供应链的必要性。

（2）分析煤炭绿色供应链内外影响因素，构建了影响因素作用的概念模型。内部影响包括驱动因素和制约因素，驱动因素包括经济效益、社会责任和可持续发展，制约因素包括投入成本较大和企业资金实力不强。煤炭绿色供应链外部影响因素包括政府政策制度推动、市场引导、社会公众的压力。内外部因素相互作用、相互影响形成有效推动煤炭供应链绿色化的动力。本书以我国大型煤炭企业集团为调查对象，对煤炭绿色供应链影响因素作用进行了测度分析。把问卷题目分为内部影响因素、外部影响因素、绿色供应链的整体效益和构建煤炭绿色供应链的意愿四个方面，并对其主要内容进行相关测度。运用管理统计软件进行信效度分析，最后获得 9 个测度影响因素的因子，并构建了结构方程模型。研究结果表明，企业绿色管理水平、社会责任、可持续发展需要、外部条件和外部相关主体是通过绿色供应链整体效益驱动间接对煤炭绿色供应链实施意愿产生正向影响，而企业内部制约是通过绿色供应链整体效益驱动间接对绿色供应链实施意愿产生负面影响，政策法规对绿色供应链实施意愿有直接的正向影响。

(3) 基于复杂适应系统理论（CAS）视角构建煤炭绿色供应链概念模型。基于CAS视角，本书对煤炭绿色供应链系统的特征和运行模式进行分析；本书构建了兼顾经济效益、社会效益和生态环境效益协调发展的煤炭绿色供应链概念模型，并从设计、采购、生产、营销、消费和回收整个闭环系统对煤炭绿色供应链进行分析；设计了煤炭绿色供应链的物流、资金流、知识流和信息流；并重点阐明了煤炭绿色供应链系统的功能。

(4) 分析煤炭企业内部绿色供应链优化的必要性，建立了既能满足煤炭企业利润最大化又能保证客户需求，同时兼顾生态环境的煤炭企业内部绿色供应链多目标优化决策模型。本书对煤炭绿色供应链生产成本、客户需求满足情况和生态环境保护情况进行系统决策，并且将多目标优化模型转化为单目标规划模型进行求解，为求解模型设计了遗传算法。研究结果为节约煤炭成本、满足客户需求和减少煤炭生产到消费对环境的影响程度提供了理论方法，对煤炭企业实施绿色供应链有现实指导意义。

(5) 在分析系统各变量因果关系的基础上，绘制系统流图，为系统构建系统动力学模型，最后进行仿真优化。本书以废弃物综合利用主要指标作为控制变量，通过对不同废弃物利用方案参数的改变，利用三种典型的供应链废弃物回收方案进行灵敏度拟合分析。以开滦煤业集团为实证研究对象，仿真结果表明，不同模式下的参数的选择对系统产生不同程度的影响，与传统灰色供应链废弃物回收方案及以国家规定标准的回收方案相比，绿色回收方案下煤炭企业供应链的废弃物得到了综合有效利用，因此产生的经济效益、环境效益和社会效益最为明显，为实施煤炭绿色供应链废弃物回收系统的建设提供了理论方法和实践指导。

7.2 研究展望

尽管本书用理论和实践相结合的方法对煤炭绿色供应链系统进行构建并优化，但由于绿色供应链的研究起步较晚，而煤炭绿色供应链的研究就更是少之又少。因此，相关资料较少，煤炭企业数据获得难度也较大。本书的研究还存在以下不足点：

（1）煤炭绿色供应链理论体系有待完善。

煤炭绿色供应链理论是一个全新的理论体系，本书所界定的煤炭供应链的概念以及煤炭绿色供应链系统的概念模型，其理论还需要完善，使其有广泛的适用性。

（2）缺乏政府政策法规调控机制。

本书分析了实施煤炭绿色供应链的内外部影响因素，并对因素的作用程度进行测度，但是对政府的管制机制没有提出明确目标，对企业的约束机制也不成熟。

（3）缺乏对企业绿色供应链绿色度的评价。

为了分析评价煤炭绿色供应链系统对资源环境的友好程度，需要构建一套评价绿色供应链系统绿色度的指标评价体系，建立煤炭绿色供应链系统绿色度优化模型，并结合实际应用，为煤炭企业的绿色化管理提供依据。

（4）煤炭绿色供应链系统的进一步优化。

煤炭绿色供应链要求系统各环节是绿色的，而且只有各环节的协同配合才能达到绿色的效果。本书重点对内部供应链系统和废弃物回收系统进行了优化，还是具有片面性，应该把所涉及的 7 个子系统全部进行优化，才能达到最优效果。

参考文献

[1] 严炜. 科学技术促进循环经济发展 [M]. 北京: 光明日报出版社, 2012.

[2] 张姣玉, 龙凤, 葛察忠, 段显明. 循环经济实践进展及推进建议 [J]. 环境保护, 2021, 49 (05): 29-33.

[3] 张智光. 绿色经济模式的演进脉络与超循环经济趋势 [J]. 中国人口·资源与环境, 2021, 31 (01): 78-89.

[4] 朱坦. 新发展格局下的循环经济发展研究 [J]. 人民论坛·学术前沿, 2021 (05): 46-51.

[5] 杨占红, 王健, 张保留, 吴静, 罗宏. 资源循环利用产业发展路径研究 [J]. 生态经济, 2020, 36 (12): 64-69.

[6] Webb L L. Green Purchasing: Forging a New Link [J]. Supply Chain Resource, 1994 (06).

[7] Drunwright, M. E.. Socially responsible organizational buying: Environmental concern as anon-economic buying criterion [J]. Journal of Marketing, 1994, 58 (03): 1-19.

[8] Handfield R B. Green Supply Chain: Best Practices From the Furniture Industry Proceedings Annual Meeting of the Decision Sciences Institute. USA, 1996 (03): 1295-1297.

[9] Zsidisin G A. & Hendrick T E. Purchasing is Involvement in Environmental Issues: a Multi-country Perspective [J]. European Journal of Operational Research, 1998 (07).

[10] Berman B. M. Designing the green supply chain [J]. Logistics Information Management, 1999, 12 (04): 332 - 342.

[11] 但斌，刘飞. 绿色供应链及其体系结构研究 [J]. 中国机械工程，2000，11 (11)：1233 - 1236.

[12] 杨光勇，计国君. 构建基于三重底线的绿色供应链：欧盟与美国的环境规制比较 [J]. 中国工业经济，2011 (02)：120 - 130.

[13] Handfield Robert. B. Walton, Steven V. Seegers, Lisa K. Melnyk, Steven A. Green value chain practices in furniture industry. Journal of Operations Management, 1997, 15 (04).

[14] Joseph Sarkis, Theory and Methodology: Evaluating environmentally Conscious business practices. European Journal of Operational Research, 1998, 107: 159 - 174.

[15] Remko I. VanHoek, Case studies of greening the automotive supply chain throughtechnology and operations Environmental Technology and Management, 2001, 1 - 2 (01): 140 - 161.

[16] Ferretti, ZanoniS, Zavanell. Greening the aluminium supply chain [J]. International Journal of production Economies, 2007 (02): 236 - 245.

[17] KemF, SmithA. Restructuring energy systems for sustainability: Energy transition Policy in the Netherlands [J]. Energy Policy, 2005 (36): 4093 - 4103.

[18] Douglas C. Government policy towards entrepreneurial finance: innovation Investment funds [J]. Journal of Business Venturing, 2007 (02): 193 - 235.

[19] Mohammad Asif Salam, An Empirical Investigation of the Determinants of Adoption of Green procurement for Successful Green Supply Chain Management [J]. Management of Innovation and Technology, 2008, 19 (01): 1038 - 1043.

[20] Rakesh K. Mudgal, Modelling the barriers of green supply chain practices: an Indian perspective [J]. International Journal of Logistics Systems and Management, 2010 (01): 81.

[21] 蒋洪伟，韩文秀．绿色供应链管理．企业经营管理的趋势[J]. 中国人资源与环境，2000，10 (04): 90 - 92.

[22] 汪应洛，王能民等．绿色供应链管理的基本原理 [J]. 中国工程科学，2003 (11): 82 - 87.

[23] 王淑旺等．基于 Agent 的绿色供应链研究 [J]. 机械科学与技术，2004，23 (04): 379 - 381.

[24] 朱庆华．绿色供应链管理动力/压力影响模型实证研究 [J]. 大连理工大学学报，2008 (02): 6 - 12.

[25] 朱庆华．影响企业实施绿色供应链管理制约因素的实证分析 [J]. 大连理工大学学报，2009 (11): 113 - 119.

[26] 曹海英，温孝卿．基于博弈分析的政府主导型绿色供应链管理研究 [J]. 中国流通经济，2011 (02): 33 - 37.

[27] 张璇，马志军，田东红，薛刚．企业绿色供应链管理实践的影响因素研究——基于元分析方法的探索 [J]. 中国人口·资源与环境，2017，27 (12): 183 - 195.

[28] Steven V. Walton. Green Supply Chain: Integrating Suppliers Into Environmental Management Process [J]. International Journal of Purchasing and Materials Management, 1998 (04): 2 - 10.

[29] Beanrnon, B. M. Designing. The green supply chain [J]. Logistics Information Management, 1999, 12 (04): 332 - 342.

[30] Guide Jr, et al. Supply Chain Management for Recoverable Manufacturing Systems [J]. Interfaces, 2000, 30 (03): 125 - 142.

[31] Zsidisin G A, Siferd5P. Environment Purchasing: a Framework for Theory Development [J]. European Journal of Purchasing & Supply Management, 2001 (07): 61 - 73.

[32] Sarkis Ioseph. A strategic decision framework for been supply chain management [J]. Journal of Cleaner Production, 2003, 11 (04): 397 -412.

[33] Steven A Melnyk, Robert P Sroufe, Roger Calantone. Assessing the impact of environmental management systems on corporate and environmental performance [J]. Journal of Operations Management, 2003, 3 (21): 329 -351.

[34] Helen Walker, Lucio Di Siato, Darian McBain. Drivers and barriers to envi - ronmental supply chain management practices: lessons from the public and private sectors [J]. Journal of Purchasing & Supply Management, 2008 (14) 69 -85.

[35] Mohammad Aaif Salem. An Empirical Investigation of the Determinants of Adoption of Green Procurement for Successful Green Supply Chain Management [A]. Proceedings of the 2008 IEEE ICMIT [C]. 2008: 1038 -1043.

[36] Sung - ting Tsai. Green Supply Chain Practices and Environmental performance: The Perspective of Social Capital Theory [J]. Department of Marketing & Logistics Management, 2009 (19): 110.

[37] Joseph Sarkis Astrate giedeeision framework for green supply chain management [J]. Journal Of Cleaner production, 2003, 11 (04): 397 -409.

[38] M. H. Nagel. Environmental Supply - chain Management Versus Green Procurement in the Scope of a Business and Leadership Perspective. 2000, IEEE, 0 -7803 -5962 -3: 219 -22.

[39] 苑清敏，齐二石，李建．绿色供应链与：业生态园 [J]. 天津理工学院学报，2002，2 (18): 36 -39.

[40] 郑迎飞，赵旭，华燕青．绿色供应链管理 [J]. 决策借鉴，2002.

[41] 朱庆华．绿色供应链管理 [M]. 北京：化学工业出版社，2003.

[42] 黄桂红，张小玲．低碳经济下的绿色供应链管理 [J]. 赣南师范学院学报，2010 (05)：114 - 116.

[43] 钱宇．低碳经济下的绿色供应链管理途径 [J]. 中国水运，2010 (03)：24 - 25.

[44] 朱庆华．绿色供应链管理 [M]. 北京：化学工业出版社，2004.

[45] 王能民，孙林岩，汪应洛．绿色供应链管理 [M]. 北京：清华大学出版社，2005.

[46] 朱庆华．影响企业实施绿色供应链管理制约因素的实证分析 [J]. 大连理工大学学报，2009 (11)：113 - 119.

[47] 张秀萍，徐琳．绿色供应链研究评述 [J]. 经济管理，2009 (04)：103 - 106.

[48] 周立华，李东旭．基于循环经济下绿色供应链管理的研究 [J]. 长春工业大学学报，2009 (01)：6 - 8.

[49] 李庆涛．农产品绿色供应链管理初探 [J]. 物流工程与管理，2010 (04)：103 - 106.

[50] Klassen R D, McLaughlin C P. The impact of environmental management on firm performance, Management Science, 1996, 42 (08): 1199 - 1214.

[51] McIntyre K, Smith H A, Henham A, Pretlove J. Logistics performance measurement and greening supply chains: diverging mindsets, International Journal of Logistics Management, 1998, 9 (01): 57 - 68.

[52] Melnyk S A, Sroufe R P, Calantone R. Assessing the impact of environmental management systems on corporate and environmental performance, Journal of Operations Management, 2003, 21 (03): 329 - 351.

[53] Yasutaka K, Nobuhiko T. A multiple attribute utility theory ap-

proach to lean and green supply chain management, International Journal of Production Economics, 2006, 101 (01): 99 - 108.

[54] Peng Y - S, Lin S - S. Local responsiveness pressure, subsidiary resources, green management adoption and subsidiary's performance: evidence from Taiwanese manufactures, Journal of Business Ethics, 2008, 79 (01): 199 - 212.

[55] 张华伦，冯田军，董红果. 绿色供应链管理绩效评价研究 [J]. 情报杂志，2006，6: 42 - 44.

[56] 赵丽娟，罗兵. 绿色供应链中环境管理绩效模糊综合评价 [J]. 重庆大学学报，2003 (26): 155 - 158.

[57] Hermann B G Kroeze C, Jawjit W. Assessing Environmental Performance by coming life cycle assessment, multi - criteria analysis and environmental Performance indicators [J]. Journal of Cleaner Production, 2007, 15: 1787 - 1796.

[58] Niemeiyer D, Rudolf S. Framing environmental indicators moving from causal chains to causal networks [J]. Environment, Development and Sustainability, 2008.

[59] 董雅丽，薛磊. 根据 ANP 理论的绿色供应链管理绩效评价模型和算法 [J]. 软科学，2008 (11): 56 - 63.

[60] 周强，张勇. 基于突变级数技术法的绿色供应链绩效评价研究 [J]. 中国人口·资源与环境，2008 (18).

[61] 柳键，叶影霞. DEA 方法在绿色供应链绩效中的应用 [J]. 工业技术经济，2008 (01): 63 - 65.

[62] Jim Morgen. How effective are your measurement systems [J]. Purchasing, 2000 (10): 26 - 28.

[63] Donald J. Bowersox, David J. closs, M. Bixby cooper. 供应链物流管理 [M]. 北京：机械工业出版社，2004.

[64] Aref A Hervani, Marilyn M Helms and Joseph Sarkis. Per-

formance measurement for green supply chain management [J]. Benchmarking: An International Journal, 2005 (04): 330-353.

[65] 李晓龙，罗丽艳．基于可持续发展能力的绿色供应链绩效测量［J］. 中国流通经济，2008（11）：21-24.

[66] 李静芳，徐松，黄芳．基于多层次灰色关联模型的企业绿色供应链绩效评价［J］. 物流工程与管理，2009（12）：89-91.

[67] 曹国志，秦颖，程钧漠．企业/绿色度评价体系研究［J］. 华东经济管理，2006（09）：145-147.

[68] 柳键，叶影霞．DEA方法在绿色供应链绩效中的应用［J］. 工业技术经济，2008（01）：65-68.

[69] 陈梅，毕晓航．基于有效区分决策单元DEA法的绿色供应链绩效评价方法［J］. 资源开发与市场，2005（07）：618-619.

[70] Jin Sung Rha, The Impact of Green Supply Chain practices on Supply Chain Performance [J]. Biomass and Bioenergy, 2010 (03): 34-37.

[71] 毛涛．绿色供应链管理实践进展、困境及破解对策［J］. 环境保护，2021，49（02）：61-65.

[72] 彭晨，岳东．煤炭供应链的工作流描述方法［J］. 南京师范大学学报：工程技术版，2004（02）：49-52.

[73] 姚伟坤，周梅华，孟剑等．基于均衡供给的煤炭供应链特征研究［J］. 中国矿业大学学报：社会科学版，2007（03）：41-45.

[74] 苏丽琴，干宝栋．煤炭供应链的构建［J］. 中国煤炭，2006（05）：19-21.

[75] 刘满芝，周梅华，彭红军，姜晖，黄艳波．大型煤炭企业供给系统供应链解构及优化［J］. 煤炭学报，2009，34（01）：139-143.

[76] 吕涛．煤炭供应链的系统结构与协调机制［J］. 中国矿业大学学报（社会科学版），2009（01）：74-79.

[77] 朱金艳，魏晓平，彭红军．煤炭供应链多目标多阶段优化

模型与应用．统计与决策，2010（06）．

［78］靳妮倩君．政府环境规制下的煤炭产业供应链动态减排策略研究［J］．中国矿业，2020，29（08）：24－30．

［79］彭晨，岳东．基于 Petri 网的流程供应链过程建模分析［J］．计算机工程与应用，2003（10）：199－201．

［80］刘飞．煤炭销售实施供应链管理的思考［J］．煤炭经济研究，2003（04）：61－62．

［81］陈建生，王立杰．论煤炭企业物流供应链联盟［J］．管理世界，2004（11）：148－149．

［82］王金凤．煤炭企业实施和强化供应链管理初探［J］．中国煤炭，2004（30）：31－32．

［83］程曙，张浩，陆剑峰．制造企业双渠道市场的供应链建模和仿真［J］．计算机集成制造系统，2004，10（05）：519－522．

［84］高翔，林杰，张炜等．基于 Agent 的供应链仿真模型设计与实现［J］．计算机工程与应用，2005，32：183－192．

［85］张洁，王启山．用供应链思想重构国有煤炭企业的物流管理［J］．煤炭经济研究，2005（09）：55－56．

［86］李建祥，唐立新，吴会江．钢铁工业三级供应链协调生产计划研究［J］．计算机集成制造系统，2005（03）：375－380．

［87］王艳梅，王晓松．煤炭行业供应链管理初探［J］．中国煤炭，2007，33（09）：22－23．

［88］耿殿明等．大型煤炭企业集团供应链风险的系统识别及防范［J］．煤炭经济研究，2008（12）：70－72．

［89］李丹，路世昌，赵球，韩家彬．煤炭企业绿色供应链系统仿真模型构建研究［J］．计算机仿真，2013，30（06）：239－243．

［90］Ganapathy S，Narayanan S，Srinivasan K. Simulation Based Decision Support for Supply Chain Logistics［C］//Simulation Conference，2003. Proceedings of the 2003 Winter，2003：189－192.

[91] 李丹，路世昌，刘士伟．大型煤炭企业供应链多目标优化研究［J］．数学的实践与认识，2019，49（01）：1－8．

[92] 王长琼．绿色物流［M］．北京：化学工业出版社，2004：1－110，230－246．

[93] 杨玉中，景国勋，吴立云．煤业集团绿色供应链管理［M］．冶金工业出版社，2007：130－132．

[94] 孟晓飞，刘洪．绿色管理塑造企业绿色竞争优势［J］．华东经济管理，2003（04）：76－78．

[95] 赵云君．企业绿色竞争优势根源探究［J］．经济问题，2010（06）：57－60．

[96] 宋慧宇．行政监管权的设立依据及法律特征分析［J］．经济视角（下），2011（03）：91－93．

[97] 孟炯，王朝全，唐小我，等．消费者偏好驱动的制销供应链利润分配策略［J］．数学的实践与认识，2011（22）：18－25．

[98] 蒲志仲．资源配置市场机制研究［J］．生产力研究，2009（03）：24－25＋42．

[99] 王宜虎，陈雯．工业绿色化发展的动力机制分析［J］．华中师范大学学报，2007（01）：125－129．

[100] 吴明隆．结构方程模型——AMOS的操作与应用［M］．北京：中国人民大学出版社，2010：2－3．

[101] 吴明隆．结构方程模型——AMOS的操作与应用［M］．北京：中国人民大学出版社，2010：39．

[102] 邱皓政．结构方程模型的理论技术与应用［M］．台北双叶书廊有限公司，2004．

[103] Tibor T, Feldman I. ISO 14000: A Guide to the New Environmental Management Standards [M]. Burr Ridge, IL: Irwin Professional Publishing, 2006.

[104] Sarkis J. A strategic decision framework for green supply chain

management [J]. Journal of Cleaner Production, 2003, 11: 397 -409.

[105] 李爱彬. 煤炭绿色物流系统构建与优化研究 [D]. 徐州: 中国矿业大学, 2012.

[106] Gifford D. The value of going green [J]. Harvard Business Review, 2007, 75 (05): 11 -12.

[107] Javier Gonzalez - Benito and Oscor Gonzalez - Benito. The role of stakeholder pressure and managerial values in the implementation of environmental logistics practices [J]. International Journal of Production Research, 2006, 44 (07): 1353 -1373.

[108] Hox J J. Amos, EQS and LISREL for windows: A comparative review. Structural Equation Modeling [M]. NY: McGraw - Hill Companies, 2004.

[109] 马文军, 潘波. 问卷的信度和效度以及如何用 SAS 统计分析 [J]. 中国卫生统计, 2000 (17): 364 -365.

[110] Coben. Statistical power analysis for the behavioral science [M]. New Jersey: Lawrence Erlbaum Associates, 2009.

[111] 陈蔚珠, 陈禹. 以复杂适应系统理论探析企业信息系统项目风险 [J]. 复杂系统与复杂性科学, 2004, 1 (02): 80 -86.

[112] 张兵, 曾珍香, 李艳双. 基于 CAS 理论的企业可持续发展的动态支撑机制研究 [J]. 科学学与科学技术管理, 2004 (01): 77 -80.

[113] 吴绍艳, 杜纲. 基于 CAS 理论的企业动态能力构建机理研究 [J]. 北京科技大学学报: 社会科学版, 2005, 21 (04): 108 -111.

[114] 王丹力, 王宏安, 戴国忠. 供应链管理的复杂性研究 [J]. 系统仿真学报, 2002, 14 (11): 1440 -1441.

[115] 张涛, 孙林岩, 孙海红, 等. 供应链的系统运作模式分析与建模——基于复杂适用系统范式的研究 [J]. 系统工程理论与实践, 2003, 23 (11): 10 -11.

[116] 张丹松，牛文学．基于CAS理论的供应链系统分析[J]．物流科技，2005：9.

[117] Chen F，Drezner Z，Ryan J K，et al. Quantifying the bullwhip effect in a simple supply chain：the impact of forecasting，lead times，and information. Management Science，2000，46（03）：436－443.

[118] Karlberg T. Supply chain environmental management [J]. Swedish Office of Science and Technology，2000（11）.

[119] Rernko Ivan Hoek. Case studies of greening the autornotive supply chain Through technology and operations [J]. Environmental Technology and Management，2001，1（02）：140－163.

[120] 汪应络，王能民，孙林岩．绿色供应链管理的基本原理[J]．中国工程学报，2003，5（11）：82－87.

[121] 胡招娣，黄承锋，梁喜．基于客户满意度的供应链优化模型研究[J]．物流技术，2010（15）：97－101.

[122] 孙晓燕，巩敦卫，徐瑞东．高级交互式遗传算法理论与应用[M]．北京：科学出版社，2012.

[123] 胡桂武．求解供应链优化问题的广义遗传算法[J]．计算机工程与应用，2008，44（28）：15－21.

[124] 潘文军．基于循环经济理论的绿色物流评价体系[J]．起重运输机械，2008（07）：1－7.

[125] 王海燕．循环经济理论下的城市固体废弃物系统优化模型[J]．物流技术，2005（10）：287－288.

[126] 王其藩．系统动力学[M]．北京：清华大学出版社，1994：95－117.

[127] 李龙清，秦国玉，田俊峰．煤炭工业可持续发展的系统动力学模型[J]．西安科技大学学报，2006（02）：151－153.

[128] 文东戈，郝传波，王旭．煤炭矿区环境系统动态仿真研究[J]．中国矿业，2008（02）：36－39.

［129］蒋衔武，孙菁．基于系统动力学的煤矿工业生态系统仿真研究［J］．生态经济（学术版），2010（01）：160－163．

［130］孙玉峰．煤炭资源开发系统动态仿真研究［J］．煤炭学报，2008（02）：237－240．

［131］Reid B，Bert B，Janet K A. Using response surfaces to improve the search for satisfactory behavior in system dynamics models［J］. System Dynamics Review，2000，16（02）：75－90．

［132］王灵梅等．火电厂生态工业园系统动力学模拟与调控［J］．系统工程理论与实践，2005（07）：117－124．

［133］Bernd E. Hirsch，Thorsten Kuhlman，Jens Schumacher. Logistics simulation of recycling networks［J］. Computers in Industry，1998，36（01）：31－38．

［134］谢家平，孔令丞．逆向物流管理［M］．北京：中国时代经济出版社，2008：123．

［135］丁日佳，朱亚平．矿区循环经济理论与技术［M］．徐州：中国矿业大学出版社，2008：68．

［136］李永峰．煤炭资源开发对矿区资源环境影响的测度研究［M］．徐州：中国矿业大学出版社，2008．

［137］刘晔．山西煤炭开采外部成本核算——煤矸石堆存损耗测算［J］．山西能源与节能，2008（01）：39－41．

附录1　煤炭企业构建绿色供应链系统影响因素调查问卷

本次问卷调查目的在于了解目前煤炭企业绿色供应链现状，分析煤炭企业构建绿色供应链系统的内外部的影响因素，从而为进一步推动煤炭企业构建绿色供应链系统，促进煤炭企业可持续发展提供切实可行的依据，也为有关部门决策提供参考。

本次问卷调查所获得的全部信息将用于学术研究，没有任何商业目的，敬请放心。

衷心感谢您的合作与帮助！

辽宁工程技术大学工商管理学院

注：煤炭绿色供应链是基于链上各环节对生态环境的负面影响，从资源循环再利用的角度，来考虑煤炭资源可持续利用问题。也就是说，从设备采购开始，就进行严格控制，使煤炭在开采、加工阶段就遵循环保的规定，从而减少煤炭及其产品在消费起和回收期给生态环境带来的负担，即以生态环境保护为前提，以减少资源消耗为目标，以循环经济与可持续发展为指导，建立资源节约型、环境友好型、社会认可型煤炭供应链系统。

问题一：根据您的经验和判断，您认为以下因素是煤炭企业构建绿色供应链系统的内部原因吗？请您为以下题项在括号内打分。

非常不赞成	不赞成	不确定	赞成	非常赞成
1	2	3	4	5

1. 企业领导层意识到有必要构建绿色供应链系统，把环境问题提上日程。(　　)

2. 企业遵守政府制定的环境规章制度。(　　)

3. 企业承担社会环境责任。(　　)

4. 企业控制与环境相关的成本。(　　)

5. 企业提升服务水平。(　　)

6. 构建绿色供应链系统是煤炭企业树立企业绿色形象的内在需要。(　　)

7. 构建绿色供应链系统是煤炭企业实现可持续发展的需要。(　　)

8. 构建绿色供应链系统是煤炭企业规避绿色技术壁垒提高竞争力的需要。(　　)

9. 较强的资金实力或经营实力是促进企业构建绿色供应链系统的前提。(　　)

10. 构建绿色供应链系统成本很高影响煤炭企业构建绿色供应链系统。(　　)

11. 构建绿色供应链系统可以促进企业实现循环经济，节省资源。(　　)

问题二：根据您的经验和判断，您认为以下因素是煤炭企业构建绿色供应链系统的外部原因吗？请您为以下题项在括号内打分。

非常不赞成	不赞成	不确定	赞成	非常赞成
1	2	3	4	5

1. 政府环保法律法规的健全，对煤炭企业构建绿色供应链系统起了推动作用。(　　)

2. 政府对构建绿色供应链的激励政策，促进煤炭企业构建绿色供应链系统。(　　)

3. 政府对煤炭绿色开采、加工技术的研发和应用实行财政补贴，可以促进煤炭企业构建绿色供应链系统。(　　)

4. 政府对煤炭企业的环境污染及资源浪费的惩罚，可以推动煤炭企业构建绿色供应链系统。(　　)

5. 政府制定煤炭行业绿色供应链绿色度的标准化，对煤炭企业构建绿色供应链系统非常重要。(　　)

6. 政府构建煤炭信息平台，促进信息化建设，有助于煤炭企业构建绿色供应链系统。(　　)

7. 政府鼓励煤炭物流专业化发展，能够促进煤炭企业构建绿色供应链系统。(　　)

8. 政府定期举办绿色供应链的宣传教育和培训引导企业构建绿色供应链系统是一种有效的政策支持。(　　)

9. 煤炭企业供应链上下游企业间的信任与“绿色信念”的坚持，对煤炭企业构建绿色供应链系统非常重要。(　　)

10. 资源环境的压力越来越大，迫使煤炭企业加速构建绿色供应链系统。(　　)

11. 竞争对手的绿色战略带来的压力，推动煤炭企业加速构建绿色供应链系统。(　　)

12. 消费者对绿色产品需求增加，推动煤炭企业构建绿色供应链系统。(　　)

13. 社会公众的环保意识越来越强，促进煤炭企业构建绿色供应链系统。(　　)

问题三：根据本企业的实际情况，您对煤炭企业构建绿色供应链系统所带来的效益（价值）是否存在以下看法？请您为以下题项在括号内打分。

非常不赞成	不赞成	不确定	赞成	非常赞成
1	2	3	4	5

1. 构建绿色供应链系统降低了企业的环境治理成本和资源消耗成本，能获得可观的经济效益。(　　)

2. 构建绿色供应链系统能有效地保护生态环境和减少资源消耗，能够获得显著的环境效益。(　　)

3. 构建绿色供应链系统能够提升企业的“绿色形象”进而能够给企业带来明显的社会效益，如良好社会责任感等。(　　)

4. 构建绿色供应链系统能规避绿色壁垒，增加企业的市场份额，能够获得可观的经济效益。(　　)

5. 长期来看，构建绿色供应链系统能够增强企业的综合竞争能力。(　　)

6. 构建绿色供应链系统能有效利用现有资源，能间接获得经济效益。(　　)

问题四：根据本企业的实际情况，您对煤炭企业构建绿色供应链系统的意愿是否存在以下看法？请您为以下题项在括号内打分。

非常不赞成	不赞成	不确定	赞成	非常赞成
1	2	3	4	5

1. 企业经常开展关于绿色供应链的绿色知识的教育与培训，注重节约资源与环境保护。(　　)

2. 企业每年会有较多投入用于购进绿色生产设备和绿色技术的研发。(　　)

3. 企业致力于煤炭绿色设计、绿色采购、绿色开采、绿色储运、煤炭清洁加工转化及废弃资源循环利用回收等绿色供应链行为，构建煤炭绿色供应链系统。(　　)

4. 通过构建煤炭绿色供应链实现可持续发展已成为企业的战略目标的一部分。(　　)

5. 企业为构建煤炭绿色供应链系统已经和上下游企业达成动态联盟。(　　)

问题五：企业的基本信息（请填写或在括号内打“√”）

（1）贵企业的名称：

（2）贵企业成立年限：

3年以下（　　）；4～5年（　　）；6～10年（　　）；11～20年（　　）；20年以上（　　）

（3）贵企业的性质：

国有企业（　　）；国有独资企业（　　）；股份制企业（　　）；是否为上市公司（　　）；民营企业（　　）；合资企业（　　）；其他（　　）

（4）贵企业的资产总额（单位：RMB元）为：

小于4000万（　　）；4000万～1亿（　　）；1亿～4亿（　　）；4亿以上（　　）

（5）企业员工总数（个）：

300以下（　　）；300～1999（　　）；2000～4999（　　）；5000～7999（　　）；8000以上（　　）

（6）您所在的部门：

（7）您的E－mail：

（8）您对本次调研有什么意见和建议：

附录2　因子分析过程

附表1　内部影响因素测度删除题项前后的公因子方差比较

指标	初始值	删除题项前	删除题项后
NB1	1	0.608	0.606
NB2	1	0.295	
NB3	1	0.645	0.701
NB4	1	0.573	0.599
NB5	1	0.638	0.643
NB6	1	0.675	0.661
NB7	1	0.764	0.766
NB8	1	0.741	0.745
NB9	1	0.654	0.650
NB10	1	0.748	0.764
NB11	1	0.602	0.613

附表2　内部影响因素测度删除题项前后的因子载荷比较

指标	删除题项前				删除题项后			
	因子1	因子2	因子3	因子4	因子1	因子2	因子3	因子4
NB1		0.663				0.677		
NB2			0.398					
NB3			0.763				0.787	
NB4	0.667				0.685			
NB5		0.784				0.792		
NB6		0.790				0.781		
NB7				0.787				0.795

续表

指标	删除题项前				删除题项后			
	因子 1	因子 2	因子 3	因子 4	因子 1	因子 2	因子 3	因子 4
NB8				0.801				0.802
NB9	0.800				0.792			
NB10	0.845				0.857			
NB11			0.764				0.770	

附表 3　外部影响因素测度删除题项前后的公因子方差比较

指标	初始值	删除题项前	删除题项后
WB1	1	0.403	0.431
WB2	1	0.498	0.509
WB3	1	0.250	
WB4	1	0.537	0.580
WB5	1	0.616	0.605
WB6	1	0.340	
WB7	1	0.620	0.612
WB8	1	0.520	0.543
WB9	1	0.552	0.561
WB10	1	0.724	0.734
WB11	1	0.554	0.559
WB12	1	0.713	0.735
WB13	1	0.660	0.667

附表 4　外部影响因素测度删除题项前后的因子载荷比较

指标	删除题项前			删除题项后		
	因子 1	因子 2	因子 3	因子 1	因子 2	因子 3
WB1	0.624			0.647		
WB2	0.685			0.690		
WB3	0.473					
WB4			0.585			0.603
WB5		0.776			0.767	
WB6			0.402			

续表

指标	删除题项前			删除题项后		
	因子 1	因子 2	因子 3	因子 1	因子 2	因子 3
WB7	0. 682			0. 669		
WB8	0. 620			0. 653		
WB9	0. 662			0. 670		
WB10			0. 834			0. 841
WB11		0. 656			0. 662	
WB12		0. 828			0. 842	
WB13			0. 685			0. 689

附表 5　绿色供应链效益测度删除题项前后的公因子方差比较

指标	初始值	删除题项前	删除题项后
XY1	1	0. 654	0. 680
XY2	1	0. 347	
XY3	1	0. 251	
XY4	1	0. 723	0. 762
XY5	1	0. 658	0. 683
XY6	1	0. 586	0. 641

附表 6　绿色供应链效益测度删除题项前后的因子载荷比较

指标	删除题项前	删除题项后
	因子 1	因子 1
XY1	0. 809	0. 825
XY2	0. 589	
XY3	0. 501	
XY4	0. 850	0. 873
XY5	0. 811	0. 299
XY6	0. 765	0. 290

附表7 绿色供应链实施意愿删除题项前后的公因子方差比较

指标	初始值	删除题项前	删除题项后
YY1	1	0.372	
YY2	1	0.444	0.503
YY3	1	0.482	0.549
YY4	1	0.434	0.439
YY5	1	0.570	0.561

附表8 绿色供应链实施意愿删除题项前后的因子载荷比较

指标	删除题项前	删除题项前
	因子1	因子1
YY1	0.610	
YY2	0.666	0.709
YY3	0.694	0.741
YY4	0.658	0.662
YY5	0.755	0.749

附录3　系统动力学公式

(001) CL([(2000,0) - (2025,10000)],(2005,2700),(2007,3200),(2015,6000),(2020,8500))

Units: ** undefined **

(002)　FINAL TIME　= 2025

Units: Year

The final time for the simulation.

(003)　INITIAL TIME　= 2007

Units: Year

The initial time for the simulation.

(004) SAVEPER　= TIME STEP

Units: Year [0,?]

The frequency with which output is stored.

(005) TIME STEP　= 1

Units: Year [0,?]

The time step for the simulation.

(006) 万吨塌陷比例 =0.2

Units: ** undefined **

(007) 万吨煤发电率 =1.84162e +007

Units: ** undefined **

(008) 万吨耗水量 =35

Units: 立方米

(009) 中煤产值变化量＝中煤产生系数＊中煤产电系数＊中煤利用率＊入洗原煤＊电价

Units：** undefined **

(010) 中煤产生系数＝0.015

Units：** undefined **

(011) 中煤产电系数＝7.3475e＋006

Units：** undefined **

(012) 中煤利用率＝RANDOM UNIFORM (0.5，1，0.5)

Units：** undefined **

(013) 中煤发电产值＝ INTEG (中煤产值变化量，10488)

Units：万元

(014) 二氧化硫排放率＝0.285

Units：** undefined **

(015) 二氧化硫排放量＝(((中煤发电产值/(7.34754e＋006)＋矸石发电产值/(7.34754e＋006)＋煤泥发电产值/(7.34754e＋006))/0.4)＋发电用煤量)＊二氧化硫排放率

Units：万吨

(016) 入洗原煤＝煤炭开采量＊原煤入洗率

Units：万吨

(017) 单位资源投资额＝1.1

Units：万元/万吨

(018) 原煤入洗率＝RANDOM UNIFORM (0.34，0.9，0.34)

Units：** undefined **

(019) 发电产值变化量＝瓦斯产生量＊瓦斯利用率＊瓦斯发电系数＊电价

Units：万元

(020) 发电用煤变化量＝煤炭开采量＊发电用煤比例

Units：万吨

(021) 发电用煤比例＝1－原煤入洗率

Units：** undefined **

(022) 发电用煤量 = INTEG (发电用煤变化量, 2128)

Units：万吨

(023) 可采储量 = INTEG (可采储量增加 - 可采储量减少, 175894)

Units：万吨 [0,?]

(024) 可采储量减少 = 煤炭开采量

Units：万吨

(025) 可采储量增加 = 矿产勘探投资/单位资源投资额 + 煤炭回采率

Units：万吨

(026) 吨涌水量 = 38 * 10^ - 4

Units：立方米

(027) 吨煤瓦斯含量 = 5

Units：立方米

(028) 土地塌陷面积 = 煤炭开采量 * 万吨塌陷比例

Units：亩

(029) 土地复垦利用率 = 0.9

Units：** undefined **

(030) 土地复垦面积 = 土地塌陷面积 * 土地复垦利用率

Units：亩

(031) 循环利用量 = 污水处理率 * (矿区生活用水 + 矿区工业用水) + 矿井水利用率 * 吨涌水量 * 煤炭开采量

Units：** undefined **

(032) 水泥产值 = INTEG (水泥产值变化量, 11753)

Units：万元

(033) 水泥产值变化量 = 水泥产量 * 水泥平均价格

Units：** undefined **

(034) 水泥产量 = 水泥加工系数 * 粉煤灰减少量 * 0.5

Units：万吨

(035) 水泥加工系数 = 0.2

Units：** undefined **

(036) 水泥平均价格 = 753.6

Units：元/吨

(037) 水资源减少 = 矿区工业用水 + 矿区生活用水

Units：** undefined **

(038) 水资源增加 = 循环利用量

Units：** undefined **

(039) 水资源总量 = INTEG(水资源增加 - 水资源减少，1.007e +010)

Units：立方米

(040) 污水处理率 = 0.6

Units：** undefined **

(041) 混凝土产值 = INTEG (混凝土产量变化量，11753)

Units：万元

(042) 混凝土产量 = 粉煤灰减少量 * 0.5 * 混凝土加工系数

Units：万吨

(043) 混凝土产量变化量 = 混凝土平均价格 * 混凝土产量

Units：万元

(044) 混凝土加工系数 = 0.2

Units：** undefined **

(045) 混凝土平均价格 = 300

Units：元/立方米

(046) 灰渣排放率 = 0.33

Units：** undefined **

(047) 灰渣排放量 = 发电用煤量 * 灰渣排放率 * 0.3

Units：万吨

(048) 灰砖转化系数 = 3e +006

Units：** undefined **

(049) 煤泥产值变化量 = 入洗原煤 * 煤泥产电系数 * 煤泥利用率 * 煤泥生产系数 * 电价

Units：万元

(050) 煤泥产电系数 = 7.3475e +006

Units：** undefined **

(051) 煤泥利用率 = RANDOM UNIFORM (0.5, 1, 0.5)

Units：** undefined **

(052) 煤泥发电产值 = INTEG (煤泥产值变化量, 10139.6)

Units：万元

(053) 煤泥生产系数 =0.06

Units：** undefined **

(054) 煤炭回采率 =RANDOM UNIFORM (0.3, 0.8, 0.001)

Units：** undefined **

(055) 煤炭开采量 =IF THEN ELSE(可采储量 * 煤炭回采率 * CL (Time), CL (Time), 可采储量 * 煤炭回采率)

Units：** undefined **

(056) 煤矸石 = INTEG (煤矸石生产量 - 煤矸石利用量, 1700)

Units：万吨

(057) 煤矸石产生量因子 = 0.15

Units：** undefined **

(058) 煤矸石利用量 = 煤矸石 * 煤矸石处理率

Units：万吨

(059) 煤矸石处理率 = RANDOM UNIFORM (0.56, 1, 0.56)

Units：** undefined **

(060) 煤矸石生产量 = 煤炭开采量 * 煤矸石产生量因子

Units：万吨

(061) 瓦斯 = INTEG (瓦斯产生量 - 瓦斯减少量, 5e +007)

Units：立方米

(062) 瓦斯产生量 = 煤炭开采量 * 吨煤瓦斯含量 * 10000

Units: 立方米

(063) 瓦斯减少量 = DELAY FIXED (瓦斯产生量, 1, 5e+007)

Units: 立方米

(064) 瓦斯利用率 = RANDOM UNIFORM (0.1, 0.8, 0.1)

Units: ** undefined **

(065) 瓦斯发电产值 = INTEG (发电产值变化量, 24000)

Units: 万元

(066) 瓦斯发电系数 = 1

Units: ** undefined **

(067) 电价 = 4e-005

Units: 万元/度

(068) 石膏产值 = 石膏产量 * 石膏平均价格

Units: 万元

(069) 石膏产量 = 二氧化硫排放量 * 脱硫效率 * 转化系数

Units: ** undefined **

(070) 石膏平均价格 = 1500

Units: 万元/万吨

(071) 矸石利用率 = RANDOM UNIFORM (0.5, 1, 0.5)

Units: ** undefined **

(072) 矸石占地系数 = RANDOM UNIFORM (0.25, 0.6, 0.0002)

Units: ** undefined **

(073) 矸石占地面积 = 矸石占地系数 * 矸石堆放

Units: 亩

(074) 矸石发电产值 = INTEG (矸石发电产值变化量, 11609.1)

Units: 万元

(075) 矸石发电产值变化量 = 电价 * 入洗原煤 * 矸石利用率 * 矸石发电系数 * 矸石洗选产生系数

Units：万元

(076) 矸石发电系数 = 7.3475e +006

Units：** undefined **

(077) 矸石堆放 = 煤矸石生产量 - 煤矸石利用量

Units：万吨

(078) 矸石洗选产生系数 = 0.12

Units：** undefined **

(079) 矸石砖产值 = INTEG (矸石砖产值变化量，8.736e +007)

Units：万元

(080) 矸石砖产值变化量 = 煤矸石利用量 * 矸石砖价格 * 矸石砖系数

Units：万吨

(081) 矸石砖价格 = 2e -005

Units：万元/块

(082) 矸石砖系数 = 3e +006

Units：** undefined **

(083) 矿井水利用率 = 0.6

Units：** undefined **

(084) 矿产勘探投资 = RANDOM UNIFORM (1，5，0.01)

Units：万元

(085) 矿区工业用水 = 煤炭开采量 * 万吨耗水量

Units：立方米

(086) 矿区生活用水 = 1.77455e +007

Units：立方米

(087) 砖产值 = 砖产量 * 砖平均价格

Units：万元

(088) 砖产量 = 灰渣排放量 * 灰砖转化系数

Units：** undefined **

（089）砖平均价格 = 2e－005

Units：万元/块

（090）粉煤灰 = INTEG（粉煤灰增加量－粉煤灰减少量，230）

Units：万吨

（091）粉煤灰产生系数 = 0.015

Units：** undefined **

（092）粉煤灰减少量 = 粉煤灰 * 粉煤灰利用率

Units：万吨

（093）粉煤灰利用率 = RANDOM UNIFORM（0.73，1，0.73）

Units：** undefined **

（094）粉煤灰增加量 = 发电用煤变化量 * 粉煤灰产生系数 +（中煤产值变化量/（7.34754e+006）+煤泥产值变化量/（7.34754e+006）+矸石发电产值变化量/（7.34754e+006））/（4e－005）

Units：万吨

（095）精煤 = 入洗原煤 * 精煤回收率

Units：万吨

（096）精煤单位售价 = 1400

Units：元

（097）精煤回收率 = RANDOM UNIFORM（0.5，0.6，0.5）

Units：** undefined **

（098）综合利用产值 = 精煤单位售价 * 精煤 + 电价 * 万吨煤发电率 * 发电用煤量 + 电价 * 中煤发电产值 + 电价 * 煤泥发电产值 + 电价 * 矸石发电产值 + 电价 * 瓦斯发电产值 + 水泥产值 + 混凝土产值 + 石膏产值 + 矸石砖产值 + 砖产值

Units：万元

（099）耕地减少 = 土地塌陷面积 + 矸石占地面积

Units：亩

（100）耕地增加 = 土地复垦面积

Units：亩

（101）耕地面积 = INTEG（耕地增加 - 耕地减少，18213）

Units：亩

（102）脱硫效率 = 0.9

Units：** undefined **

（103）转化系数 = 11.53

Units：** undefined **